I Volti della Storia

596

Gastone Breccia è autore dei capitoli III, V e VI;
Andrea Frediani è autore dei capitoli I, II e IV.

Prima edizione: giugno 2020

ISBN 978-88-227-4678-8

www.newtoncompton.com

Realizzazione a cura di Librofficina
Stampato nel giugno 2020 presso Puntoweb s.r.l., Ariccia (Roma)

Gastone Breccia – Andrea Frediani

Epidemie e guerre che hanno cambiato il corso della storia

Dalla peste di Atene alla grande influenza spagnola: come la diffusione delle pestilenze ha determinato l'esito dei conflitti e i destini delle civiltà

Newton Compton editori

Introduzione

> Tale sventura era piombata addosso ad Atene e la teneva sotto un incubo.
> E mentre gli uomini morivano dentro la città, fuori delle mura la terra veniva devastata.
> Tucidide, *La guerra del Peloponneso*, II, 54,1

Due grandi piaghe, epidemia e guerra, hanno afflitto l'umanità fin dall'alba dei tempi, provocandone spesso una terza, la carestia. Tanto più devastanti si sono rivelate quando si sono presentate in contemporanea, in alcuni momenti nodali della storia che hanno finito per determinare il destino o comunque il corso di una civiltà. Un conflitto di ampie proporzioni, infatti, ha talvolta favorito la diffusione dell'epidemia, e quest'ultima, a sua volta, ha determinato lo sviluppo e l'esito della guerra, in un'interazione letale che ha moltiplicato esponenzialmente gli effetti dei due eventi.

Il presente volume analizza sei momenti chiave della storia nell'arco di oltre due millenni, dalla cosiddetta peste di Atene, scoppiata alla fine della Guerra del Peloponneso, all'epidemia di influenza spagnola diffusasi sul finire della prima guerra mondiale, evidenziando le dinamiche di causa ed effetto e le concatenazioni tra le due piaghe, che si sono alimentate reciprocamente, determinando l'evoluzione in termini sociali, economici, politici, militari e psicologici delle società che hanno vissuto l'immane trauma.

Ampio spazio si è voluto dare alle testimonianze sulle epidemie, che restituiscono il disorientamento della gente di fronte a eventi largamente incomprensibili, a catastrofi immani di fronte alle quali gli strumenti abituali si dimostravano insufficienti, e di cui non si comprendeva la natura. A parte la peste secentesca, che era ricorrente in Europa da tre secoli, i contemporanei si trovarono sempre investiti da un cataclisma inedito, da malattie in linea di massima nuove: tali infatti, probabilmente, erano il tifo ad Atene, il vaiolo nell'impero romano, la peste all'epoca di Giustiniano, e anche l'influenza spagnola nel XIX secolo.

Leggendo i resoconti dell'epoca, ci si rende conto di quanto familiari possano suonare alle orecchie di noi contemporanei le parole di chi ha vissuto una piaga che nel mondo attuale credevamo ormai debellata, o perlomeno circoscritta a focolai locali. Solo ora, dopo l'irruzione del Covid-19 nel nostro quotidiano, possiamo capire fino a che punto una pestilenza, per giunta sommata a un conflitto, potesse influire sulla psiche, sulle abitudini, sulle convinzioni e i comportamenti delle persone e delle comunità. Tanto più in epoche in cui l'impatto del morbo era ancora più devastante, in termini di mortalità, per via delle scarse cognizioni mediche e delle approssimative condizioni igieniche.

Lo sgomento che traspare nelle fonti può stupire chi pensa che in epoche dalla vita media tanto più bassa della nostra non si dovesse avere così paura di morire: ma la morte improvvisa, inspiegabile, che non fosse per arma bianca o per fame, per malattie comuni o per incidente, provocava un vero terrore, in società in cui la religione aveva un peso infinitamente maggiore rispetto alla nostra, e in cui tutto veniva inquadrato in un disegno divino, sia in epoca pagana sia cristiana.

E poi non c'era solo la paura della morte: in assenza di cognizioni certe sulle modalità del contagio, si aveva paura non solo del contatto con altri esseri umani o animali potenzialmente infetti, con indumenti e suppellettili, ma anche dell'aria, dei miasmi e perfino di uno sguardo, e ciò catapultava in uno stato d'angoscia perenne gli esseri umani, di tutte le classi sociali.

La sola ignoranza del concetto di bacillo sarebbe stata di per sé sufficiente a fuorviare qualunque dottore o autorità governativa. Certe soluzioni escogitate dai medici, o il fanatismo manifestato nelle reazioni più estreme della popolazione, possono far sorridere o, in alternativa, inorridire; ma sono il vero specchio della mentalità e delle conoscenze dei tempi, e danno il senso della storia, permettendoci di capire che commetteremmo un anacronismo, se pensassimo che nel passato si affrontasse una catastrofe del genere col nostro attuale approccio mentale, emotivo e pratico.

I

La peste di Atene (430-426 a.C.)

Un impero mancato

Appena cominciò l'estate [430 a.C.] i Peloponnesi e gli alleati con due terzi delle loro truppe invasero, come avevano fatto prima, l'Attica, sotto il comando di Archidamo figlio di Zeussidamo, re dei Lacedemoni. Vi si disposero, e iniziarono il saccheggio della terra.

Non erano ancora trascorsi molti giorni dal loro arrivo nell'Attica, quando comparve per la prima volta tra gli ateniesi l'epidemia. La tradizione ha sì notizia di altre epidemie scoppiate anteriormente in molti altri luoghi, a Lemno e altrove, ma di una peste di tali proporzioni, e con così vaste perdite di vite umane, non si aveva memoria in nessuna contrada.

I medici erano disarmati di fronte a questa malattia a loro sconosciuta, che si trovavano a curare per la prima volta. Ed erano i più numerosi a morire, quanto più venivano a contatto con i malati. Né vi era alcun'altra arte umana che potesse domare quel male. Malgrado tutte le suppliche nei templi, o per quanto ci si rivolgesse agli oracoli e siffatti mezzi, tutto era vano. Alla fine si rinunciò a questi espedienti, e l'accasciamento del male prevalse.

Il primo punto di partenza si dice che sia stato l'Etiopia, oltre l'Egitto, e che poi sia passato nell'Egitto e nella Libia, e che abbia invaso gran parte dei domini del Re. Su Atene piombò improvvisa. Primo focolaio d'infezione fu il Pireo. Onde ad Atene corse voce che i Peloponnesi avessero avvelenato le cisterne: ancora al Pireo non si aveva acqua sorgiva. In seguito l'infezione raggiunse la città alta, e la moria aveva ormai preso proporzioni molto più ampie.[1]

[1] Tucidide, *La guerra del Peloponneso*, a cura di P. Sgroj - L. Rossetti - G. Ranocchia, Roma 2011, II, 47,2- 48,1.

La mirabile prosa di Tucidide, senza dubbio lo storico più lucido dell'antichità, illustra con un'efficacia e un'incisività che avrebbero fatto scuola gli effetti dirompenti dell'abbinamento tra le due grandi piaghe che hanno afflitto l'uomo fin dall'alba dei tempi; due piaghe che, spesso, sono andate di pari passo nella storia, influenzandosi a vicenda e causando così un incremento esponenziale delle loro conseguenze.

Prima del cronista ateniese non abbiamo che resoconti confusi e in gran parte leggendari dei grandi conflitti tra civiltà, e a maggior ragione non abbiamo che radi e fugaci accenni alle pestilenze che, con insospettabile frequenza, hanno colpito l'umanità. Nella Bibbia, per esempio, troviamo molti riferimenti a epidemie, a cominciare da quella che avrebbe sterminato i primogeniti in una sola notte nell'Antico Egitto; ce ne fu una che colpì i Filistei come punizione per aver rubato l'Arca, o quella che afflisse Davide per aver peccato censendo la popolazione (e in questo caso gli autori forniscono anche i numeri: settecentomila uomini validi su un milione e trecentomila, ovvero quasi la metà); o quella, infine, che uccise centottantacinquemila assiri costringendo il loro re Sennacherib a levare l'assedio a Gerusalemme[2].

Non possiamo sapere di cosa si trattasse. Malattie che oggi hanno perso la loro carica letale allora erano in grado di sterminare intere comunità che non erano preparate ad affrontarle, non le conoscevano e non sapevano come

[2] William McNeill, *La peste nella storia*, Torino 1982, p. 93.

Busto di Tucidide. Incisione da B. P. Holst, The Teachers' and Pupils' Cyclopaedia, Kansas City 1909.

curarle. Ma non si può parlare di pandemie, in un mondo che era ben lungi dall'essere globalizzato. Prima della data istituzionale della fondazione di Roma, nell'VIII secolo a.C., vaste zone oggi floride e popolose erano o troppo aride o troppo fredde per essere messe a coltura, e il clima mite e favorevole si poteva trovare quasi esclusivamente sulle coste del Mediterraneo orientale e dell'Egeo. E anche allora, finché non si crearono vasti agglomerati abitativi, con lo sviluppo delle *pòleis* greche e dei centri commerciali fenici come Cartagine, la densità di popolazione e i contatti tra diversi aggregati non erano tali da favorire il propagarsi di un morbo. La stessa ascesa di Atene era stata progressiva e costante, a dispetto delle frequenti guerre che aveva affrontato e dei disastri cui era andata incontro, a riprova del fatto che le perdite belliche non incidevano sulla crescita della popolazione come avrebbe fatto una pestilenza. A ogni nuova impresa, infatti, la città aveva sempre nuovi equipaggi per le sue navi e altri opliti per le sue falangi.

Ma verso la fine del v secolo a.C. successe qualcosa, una concatenazione e una concomitanza di eventi, che determinò il destino finale di Atene. La città che più di ogni altra, forse, avrebbe potuto seguire la parabola di Roma e costituire il primo, vero impero occidentale della storia, fu vittima tanto delle sue stesse ambizioni quanto del sistema pseudo-globalizzato (o globalizzato *ante litteram*) che essa aveva creato con la sua espansione.

Dopo aver guidato, di fatto, la riscossa ellenica contro l'espansione persiana nelle due guerre di inizio secolo, prevalendo sugli eserciti e le flotte di Dario e Serse, e aver intessuto una fitta rete di basi commerciali e di influenze politiche in tutto l'Egeo e nelle zone costiere dell'Asia Minore, Atene sembrava proiettata infatti verso un fulgido destino: dalla posizione geografica alla disponibilità finanziaria, dalla incredibile fertilità culturale all'efficienza militare, Atene aveva ben più di Roma i numeri per diventare la padrona del mondo conosciuto. Se non è accaduto, non è stato solo perché ha avuto una temibile antagonista, Sparta, che ne ha

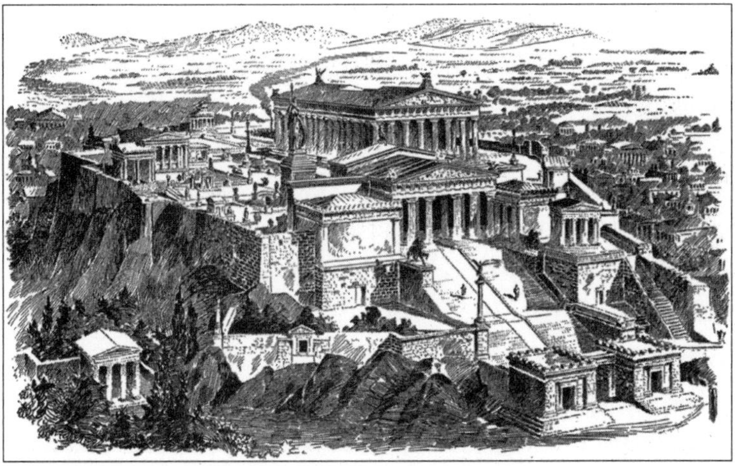

L'acropoli di Atene. Incisione da Samuel Bannister Harding, The Story of Europe, Chicago (IL) 1912.

frenato l'ascesa, ma anche perché ha agito con minor saggezza politica dell'Urbe. Roma non ha trovato avversari meno temibili, dai sanniti a Cartagine, eppure ha sempre finito per prevalere, soprattutto grazie alla sua capacità di mostrarsi tollerante e perfino generosa verso i propri alleati, ben pochi dei quali hanno avuto l'interesse e la convenienza a recidere il legame con la città eterna, perfino nei momenti in cui l'Urbe sembrava sul punto di soccombere.

La guerra del Peloponneso

Non è mai facile stabilire responsabilità univoche nello scoppio di un conflitto. Di solito, la deflagrazione è il prodotto di una lunga serie di contrasti, incomprensioni, interessi divergenti e confliggenti tra blocchi contrapposti. E la Guerra del Peloponneso non fa eccezione. Tuttavia, in questa circostanza lo storico non può evitare di porre l'accento sulle tendenze imperialistiche di Atene, che hanno indubbiamente destabilizzato lo scacchiere ellenico, e sulla volontà espansionistica della sua personalità più illustre dell'epoca, ovvero Pericle: due fattori che hanno condotto la *pòlis* su una strada che non poteva non portare allo scontro con Sparta, a dispetto dei trattati di pace stipulati negli anni precedenti. Una pace che, è possibile sbilanciarsi, fu proprio Atene a violare.

Le due città a capo delle rispettive leghe. La Lega di Delo condotta da Atene e la Lega peloponnesiaca guidata da Sparta, avevano stipulato un accordo nel 445 a.C., con durata trentennale. Si prevedeva il pieno rispetto delle rispettive aree di influenza, la libertà, per le altre *pòleis* greche, di aderire all'una o l'altra confederazione, e un arbitrato per gli eventuali sconfinamenti e le violazioni. Ma Pericle aveva un'idea ben chiara in testa: fare di Atene la capitale ellenica, ed era consapevole che ciò non sarebbe mai avvenuto, finché Sparta fosse stata potente. Così, quando si rese conto che il conflitto sarebbe stato inevitabile, scelse di darvi inizio nel momento in cui, proprio sotto la sua guida, la città aveva raggiunto il suo massimo splendore. Negli acerbi regimi democratici di allora, infatti, le lotte intestine tra partiti opposti, causa di un'endemica debolezza politica, erano all'ordine del giorno e solo una guerra avrebbe ottenuto l'effetto

Ricostruzione dell'antica Corinto, incisione da John Cark Ridpath, Cyclopedia of Universal History, Cincinnati (OH) 1885.

di compattare la cittadinanza; all'esterno, invece, la tendenza di Atene a rendere i confederati dei veri e propri sudditi avrebbe presto portato ad aperte ribellioni, se non avesse dato loro un altro nemico comune da combattere.

Sparta, da parte sua, non aveva alcuna intenzione di avventurarsi in nuovi conflitti, accontentandosi della leadership nel Peloponneso e di essere il fulcro di tutte le comunità che vedevano nel suo regime oligarchico un modello da seguire. Era necessaria una serie di provocazioni per indurla a mobilitarsi, e il grande statista ateniese non esitò a crearne i presupposti. La sua prima mossa, nel 436 a.C., fu di accettare la richiesta di aiuto di Corcira (l'attuale Corfù), impegnata in un conflitto contro Corinto per il controllo della colonia di Epidamno. Formalmente, il trattato del 445 non veniva violato, perché il nuovo accordo bilaterale era un'alleanza difensiva; ma intanto Corinto, che era la *pòlis* più influente della Lega peloponnesiaca dopo Sparta, si ritrovò davanti all'isola uno schieramento di navi ateniesi e non poté cogliere i frutti del successo appena ottenuto contro i corciresi alle isole Sibota; batté pertanto in ritirata, non senza considerare l'intervento della Lega di Delo un'indebita ingerenza nella propria sfera di competenza.

Se l'iniziativa ateniese presso Corcira – che possedeva la più forte marina da guerra della Grecia, dopo la stessa Atene – era scaturita da circostanze contingenti, quello che avvenne tre anni dopo si può considerare, invece, una patente e gratuita provocazione. Potidea, colonia corinzia sull'istmo verso la penisola della Calcidica, aveva aderito alla Lega di Delo ma manteneva buoni rapporti con la madrepatria, da cui riceveva i suoi magistrati. Pericle, tuttavia, le impose improvvisamente di rinunciarvi, di abbattere le mura e di consegnare degli ostaggi. Lo stratego si aspettava che la città si sottomettesse, ma Potidea reagì e, sostenuta anche dal re macedone Perdicca, a sua volta danneggiato dall'espansione ateniese, uscì dall'alleanza. Il suo assedio fu la inevitabile conseguenza.

Contestualmente, Pericle decise anche l'embargo per Megara, che aveva sostenuto Corinto nel conflitto contro Corcira. Chiuse quindi unilateralmente, senza ricorrere all'arbitrato previsto dalla pace trentennale, tutti i porti della Lega di Delo alle sue navi. Ma ancora Sparta non reagiva. I corinzi arrivarono a far sfilare di fronte agli efori i messi di tutte le città che avevano motivi di risentimento nei confronti di Atene, per indurli all'azione, ma solo nell'inverno del 432-431 a.C. i lacedemoni lanciarono una sorta di ultimatum, col quale chiedevano la sospensione delle sanzioni contro Megara e dell'assedio a Potidea. Ma Pericle ebbe facile gioco nel persuadere i suoi concittadini a respingere le richieste spartane, e la guerra fu inevitabile.

Ciononostante le due contendenti, consapevoli delle devastazioni che il conflitto avrebbe prodotto, esitarono ancora a scendere in campo. Fu Tebe a smuovere le acque, tentando di ristabilire la propria egemonia sulla Lega beotica; in una notte di inizio marzo del 431 a.C. assalì con un'avanguardia di trecento uomini la filoateniese Platea. Ma sebbene vi fossero dei filotebani entro le mura della città, la gran parte della popolazione costrinse gli incursori alla resa, ottenendo l'allontanamento del grosso dell'esercito tebano, ormai prossimo alla *pòlis*, in cambio della restituzione dei prigionieri. Invece, questi ultimi finirono massacrati, nonostante il sollecito intervento ateniese per impedire la strage.

La brutta faccenda fu l'evento che smosse Sparta dalla sua apatia. La città lacedemone condusse verso l'istmo di Corinto l'esercito peloponnesiaco che, unitosi alle truppe di Megara, assommava a ventiquattromila opliti, oltre agli armati alla leggera; al di là dell'Attica, in Beozia, la Lega che faceva capo a Tebe metteva a disposizione diecimila fanti e un migliaio di soldati, forniti anche dalla Locride e dalla Focide. Le forze terrestri delle due leghe attestavano una superiorità schiacciante di Sparta su Atene, ben maggiore di quella, indubbia, di cui la Lega di Delo poteva disporre sul mare.

Dall'altra parte, i tredicimila opliti e mille cavalieri – con duecento arcieri a cavallo e la cavalleria pesante tessala – che poteva mettere in campo Atene, i cui alleati erano tenuti a fornire solo rematori per la flotta, a fatica erano sufficienti per guarnire tutti i fronti lungo i quali gli interessi della città potevano essere minacciati: solo davanti a Potidea ce n'erano tremila, altri milleseicento in Calcidica, altri facevano parte delle guarnigioni delle fortezze di confine, altri ancora dovevano presidiare le Lunghe Mura che andavano da Atene al porto del Pireo, recentemente ridotte grazie all'abbandono di quelle per Falero.

Fin dall'inizio delle ostilità, la strategia dei due blocchi contrapposti fu pertanto chiara: Sparta si proponeva di entrare in Attica per attirare gli ateniesi in una battaglia campale o, nella peggiore delle ipotesi, fare terra bruciata della regione come avevano fatto i persiani ai tempi di Serse. Gli ateniesi, e Pericle in particolare, puntavano invece a far muovere a vuoto gli avversari rimanendo protetti dalle Lunghe Mura, dopo aver evacuato l'Attica, per poi colpirli con operazioni anfibie mediante la flotta, che poteva portare la guerra fin nel profondo meridione peloponnesiaco e incidere altrettanto duramente sull'economia rurale avversaria.

Tra le due, quella di Pericle appariva la strategia più efficace. Non a caso il re spartano Archidamo II, che conduceva l'armata d'invasione, tentò gli ultimi approcci diplomatici prima di avventurarsi in Attica, nella consapevolezza che, per quanto il suo esercito potesse devastare raccolti e risorse di Atene nella zona circostante, la città avrebbe potuto comunque contare sugli approvvigionamenti marittimi. Per questo, i peloponnesiaci tentarono anche di guadagnarsi l'appoggio della Persia, senza però ottenere nulla di concreto, e di Siracusa, anch'essa poco disposta a intervenire nel conflitto.

Archidamo II, soprattutto per assecondare le pressioni degli alleati, dovette infine procedere all'invasione; ma i suoi uomini trascorsero un mese in Attica senza ottenere altro che la devastazione di uliveti e campi di grano, per poi essere obbligati dalla carenza di risorse a tornare indietro. Ben più efficace e meno dispendiosa fu la reazione ateniese, che si concretizzò con l'azione di una flotta di un centinaio di navi, sostenute da cinquanta fornite da Corcira: una serie di raid lungo le coste peloponnesiache e nel Golfo di Corinto danneggiò in modo significativo gli interessi della Lega e di Corinto in particolare, e fu letale per Egina, i cui abitanti furono fatti evacuare e sostituiti da coloni ateniesi. Pericle si spinse anche oltre, conducendo personalmente la flotta in un'invasione della Megaride, in autunno, mentre i peloponnesiaci erano occupati con la vendemmia e i raccolti.

Insomma, l'esordio del conflitto aveva confermato le perplessità di Archidamo II – al quale è istituzionalmente intitolato il primo decennio di guerra – e la bontà della strategia di Pericle. Ma è in particolare sulle mosse dello statista ateniese che dobbiamo soffermarci, per capire come fu possibile che si verificasse lo scempio immane di cui fu vittima la sua città l'anno seguente.

Lo stratego aveva lasciato le campagne disabitate, e ciò significava che la città doveva sostenere una popolazione temporanea di duecentomila persone, con ricoveri di fortuna che andavano da capanne improvvisate ai piedi dell'Acropoli ai santuari, dalle torrette lungo le mura agli spazi aperti. E nulla di tutto ciò costituiva un riparo sufficiente dal calore estivo dell'Attica. I ricchi avevano dovuto abbandonare le loro lussuose residenze nel contado e appellarsi all'ospitalità dei poveri. Nulla di simile, fa notare Victor Davis Hanson[3], era mai accaduto nella storia della Grecia antica: l'afflusso dei profughi a Tebe, per esempio, aveva portato a un raddoppio della popolazione, che però non aveva raggiunto i cinquantamila abitanti; per giunta, la capitale della Beozia non era stata posta sotto assedio. Atene, al contrario, subiva la pressione del nemico, ma non solo: anche la posizione geografica contribuiva in modo deci-

[3] Victor Davis Hanson, *Una guerra diversa da tutte le altre*, Milano 2009.

sivo a rendere estreme le condizioni in cui affrontava gli eventi. La città, infatti, sorgeva nel mezzo di una conca circondata da tre catene montuose e distava otto chilometri dal mare; inoltre, l'area metropolitana era appena lambita da piccoli corsi d'acqua, rendendo difficoltoso lo scarico dei liquami in un fiume che ne permettesse l'espulsione nel mare.

Tuttavia, la strategia si rivelò vincente per il primo anno di guerra, lasciando gli spartani con un pugno di mosche in mano e provocando ben pochi caduti tra le file ateniesi. Archidamo II non poté far altro che rinnovare l'invasione dell'Attica l'anno seguente, nel 430 a.C., mentre Pericle partiva con la flotta e quattromila opliti alla conquista di Epidauro. Nessuna delle due operazioni andò a buon fine, perché nel conflitto era improvvisamente entrato un nuovo, devastante elemento: la peste.

Un nuovo nemico

Maggior tormento recava ora, in aggiunta all'epidemia, l'ammassarsi della popolazione dal contado nella città; e più ne soffrivano i profughi. Non avevano case, vivevano in capanne soffocanti per la stagione, e la strage dilagava in cieco disordine. Giacevano alla rinfusa morti e moribondi. Uomini semivivi si trascinavano per le strade e ovunque fossero fontane, divorati dalle sete. I sacri recinti, ove i cittadini erano accampati, erano pieni di cadaveri, poiché la gente vi moriva dentro; la furia del male aveva travolto ogni argine, e gli uomini, in balia di un destino ignoto, trascuravano con eguale indifferenza le leggi umane e le divine. Ogni consuetudine prima in onore per le sepolture era sconvolta; ognuno seppelliva come poteva. Molti ricorsero a funerali senza decoro, data la scarsezza del materiale necessario a causa dei molti morti che avevano già avuto. Mettevano i propri defunti sopra roghi altrui, che accendevano prima che sopravvenissero i proprietari; altri gettavano il morto, che avevano portato, su un rogo, mentre un altro cadavere vi ardeva, e se ne andavano.[4]

Questo era ciò che accadeva agli ateniesi per la contestuale presenza di due nemici a partire dalla fine di maggio del 430 a.C. Quanto più gli spartani devastavano il territorio attico, tanto più i contadini erano costretti a trovare rifugio e a rimanere in città, contribuendo così al propagarsi del morbo. E quanto più gli ateniesi si ammassavano in uno spazio relativamente ristretto, tanto più marcata era la differenza che l'azione della pestilenza esercitava su di essi rispetto agli scorridori peloponnesiaci, in grado di muoversi sparpagliati e di nutrirsi con maggior agio, per poi ritirarsi quando il territorio che costituiva il loro obiettivo si fosse trasformato in terra bruciata. Archidamo II aveva trovato un alleato insperato, che aveva reso più dirompente, e in modo esponenziale, quella che era nata come un'azione dimostrativa e di disturbo, considerando i magri risultati ottenuti l'anno precedente. Le mosse del re spartano sono chiarite da Tucidide:

Per tutto il tempo che i Peloponnesi rimasero nell'Attica e gli ateniesi fecero la spedizione navale, l'epidemia infieriva sugli ateniesi in città e nell'esercito; tanto che si disse che i Peloponnesi, per paura dell'epidemia – poiché venivano informati dai disertori, che essa aveva fatto la sua comparsa nella città e nello stesso tempo si accorgevano dei funerali – si fossero affrettati a lasciare

[4] Tucidide, *op. cit.*, II, 52, 1-4.

l'Attica. La durata di questa invasione fu più lunga, e devastarono tutto il paese. Si trattennero infatti nell'Attica circa quaranta giorni.[5]

Per cinque volte gli spartani condussero invasioni in Attica e quell'anno, nonostante l'imperversare della malattia, vi trascorsero ben quaranta giorni, ovvero il periodo più lungo; evidentemente, i lacedemoni avevano pianificato un'azione in grande stile e non se la sentirono di rinunciare, anche perché, tenendosi presumibilmente a distanza dalla città, non furono contagiati e poterono eseguire un'opera di distruzione capillare spingendosi anche più a sud e all'interno, verso le miniere del Lauro.

Se la guerra ha moltiplicato esponenzialmente gli effetti del morbo, v'è da chiedersi se si sarebbe diffuso comunque nella penisola ellenica anche in condizioni di pace. I resoconti, come vedremo, lasciano in realtà intendere che la peste riguardò solo ed esclusivamente Atene e i siti ove si spinsero le sue truppe, senza toccare né il Peloponneso né, e questo è ancor più strano, la contigua Beozia, divisa dall'Attica solo dal monte Citerone.

Di sicuro l'ammassamento sociale verificatosi entro le mura ateniesi e, al contempo, il distanziamento rispetto a tutto il resto della popolazione greca, devono aver contribuito a confinare l'esplosione dell'epidemia solo all'interno della città, dove la micidiale miscela di caldo torrido, acque stagnanti, insetti, cibi andati a

[5] Ivi, II, 57, 1-2.

male, fogne intasate, carogne abbandonate in strada e promiscuità degli abitanti ha costituito l'habitat naturale del morbo. E questo resta valido anche nel caso in cui avesse ragione Tucidide sulla sua "importazione" dall'Africa. Le condizioni in cui versava l'abitato lo rendevano sicuramente ricettivo al morbo, ma non necessariamente il suo focolaio: anni dopo, alla fine della guerra, Atene si sarebbe ritrovata più o meno nella stessa condizione, con le migliaia di prigionieri fatti da Lisandro sull'Egospotami costretti a rientrare, senza che ciò desse luogo a nulla più che a una carestia.

In ogni caso, probabilmente sarebbe stata sempre l'Attica il focolaio del mondo greco. L'impero commerciale creato negli ultimi decenni da Atene faceva della città l'epicentro di una fitta rete di contatti e di scambi, che aveva nelle coste e nelle basi africane, unitamente a quelle dell'Asia Minore, i principali punti di riferimento. Queste ultime erano il punto di arrivo di merci provenienti dai luoghi più disparati, come l'Etiopia, appunto; non a caso, pochi decenni prima l'isola di Lemno era stata teatro di una qualche letale pestilenza. È noto che, proprio in quell'epoca, il celebre scultore ateniese Fidia avesse fatto ampiamente uso di avorio per la creazione di due dei suoi principali capolavori, le statue di Atena e Zeus (quest'ultima una delle sette meraviglie del mondo antico). I collegamenti tra il porto del Pireo e le foci del Nilo erano frequenti e intensi, e non c'è bisogno di grande immaginazione per ipotizzare che più d'una nave ormeggiata nel grande porto di Atene abbia ospitato i vettori dell'epidemia, fossero essi uomini o animali.

La provenienza è anche uno degli indizi, per quanto debole, di cui disponiamo per cercare di capire di quale morbo si trattasse. Nei secoli antichi la denominazione di "peste" è stata attribuita alle più svariate malattie, alcune ben conosciute allo stato attuale, altre, forse, scomparse; ma è solo con la descrizione di Procopio della peste di Giustiniano nel VI secolo d.C. che possiamo essere certi che un autore descriva per la prima volta i sintomi e gli effetti della peste bubbonica. Per quanto riguarda la cosiddetta "peste di Atene", l'unico dato sicuro è che... non si trattava di peste.

Vediamo la descrizione che ne dà il grande storico:

> Darò tali spiegazioni perché anch'io ho sofferto questa malattia e ne ho seguito il decorso su altri. Quell'anno, per constatazione generale, era stato assolutamente immune da altre malattie. E se qualcuno era caduto infermo in precedenza, immancabilmente, il suo male si risolvette in peste. Gli altri senza alcuna causa apparente, d'improvviso, mentre fino ad allora erano sani, erano dapprima colti da forti dolori alla testa, da rossore e da infiammazione agli occhi. Gli organi interni, lingua e faringe, s'invermigliavano subito di sangue, esalando un fiato strano e puzzolente. A questi sintomi tenevano dietro starnuto e raucedine. Non passava molto che il male scendeva nel petto, producendo forte tosse. Quando il male era penetrato nello stomaco, si avevano nausee, e sopraggiungevano tutti quanti gli spurghi di bile che sono nominati dai medici, accompagnati da grandi sofferenze. Nella maggior parte dei casi sopravvenivano conati di vomito che producevano forti convulsioni: in certi casi quando le espurgazioni erano cessate, in certi altri anche molto dopo. Il corpo, a toccarlo, non era all'esterno eccessivamente

caldo e neppure pallido, ma rossastro, livido, coperto di piaghe e pustolette. Di dentro invece i malati ardevano tanto che non sopportavano neppure il contatto di vesti e lenzuoli leggerissimi o di qualsiasi indumento: solo nudi resistevano. Provavano il più gran piacere a lanciarsi nell'acqua fredda. Molti, non assistiti, saziavano senz'altro questa brama gettandosi nelle cisterne. Li divorava una sete inestinguibile: e bere poco o molto era lo stesso. L'impossibilità di riposare e l'insonnia non davano tregua. Le forze del corpo, per tutto il tempo che la malattia era allo stadio acuto, non venivano meno, offrendo alle sofferenze una resistenza inaspettata: sicché i più mantenevano fino ad allora qualche riserva di energia. Se superavano questa fase, il male scendeva nel ventre, ove si formava una suppurazione violenta e, sopravvenendo intanto una violenta diarrea, i più morivano in seguito a esaurimento. Giacché il male, che da principio si era localizzato nella testa, cominciando dall'alto percorreva tutto il corpo. E, se si superavano le crisi più tremende, l'attacco del male lasciava le sue tracce almeno alle estremità. Poiché erano colpiti anche i genitali, le estremità delle mani e dei piedi; e molti scampando perdevano queste parti, alcuni anche gli occhi. Taluni erano appena guariti, che li coglieva un'assoluta smemoratezza d'ogni cosa, al punto da ignorare se stessi e i familiari.[6]

Insomma, a quanto sembra la malattia aggrediva sia l'apparato respiratorio che quello intestinale: come se, afferma Victor Davis Hanson, un malato attuale fosse assalito contemporaneamente da influenza, dissenteria, morbillo e polmonite. A quanto riferisce lo storico, al suo ritorno dall'esilio, vent'anni dopo, vedeva ancora aggirarsi per Atene gente resa storpia o menomata dalla pestilenza.

Molti di questi elementi sono legati al tifo, ed è questa tipologia di malattia quella per la quale propende

[6] Ivi, II, 48,3-49,8.

la gran parte degli studiosi oggigiorno. La tesi è supportata dai risultati dello studio del DNA su alcuni denti rinvenuti in una fossa comune scavata negli anni Novanta del XX secolo e contenente i corpi di duecentoquaranta persone, di cui una decina bambini, accanto al cimitero del Ceramico di Atene: che fossero morti a causa della pestilenza e in un tempo assai breve è testimoniato dall'assenza di monumentalità delle tombe e dall'ammassamento chiaramente casuale delle salme, oltre che dalle caratteristiche dozzinali degli oggetti votivi rinvenuti accanto ai corpi. Ma non solo: la presenza di un muretto di contenimento potrebbe far pensare a una sorta di barriera eretta per circoscrivere il contagio.

Ma le opinioni non sono univoche. Tanto per cominciare, Tucidide segnala anche un altro importante elemento:

> Così la prova più convincente del carattere straordinario della malattia fu data da questo fenomeno: tutti gli uccelli e i quadrupedi che si nutrono di cadaveri (molti cadaveri rimanevano insepolti) o se ne tenevano lontani o, se ne mangiavano, perivano. E ciò è confermato dal fatto che questa specie di animali scomparve senz'altro, e non furono più visti né presso alcun cadavere né altrove. Tale effetto si osservava più chiaramente nei cani, poiché vivono tra gli uomini.[7]

Ora, è noto che gli animali necrofori non patiscono le infezioni da tifo. Altra obiezione che si può fare è che il tifo ha un decorso molto più lento di quello descritto

[7] Ivi, II, 50, 1-2.

dallo storico greco. E ancora: il rischio di contagio non è così alto come riferisce Tucidide, secondo il quale si ammalava anche chi cercava di prendersi cura dei malati; e il fatto che gli spartani non ne siano stati vittime è un altro elemento che suscita interrogativi. Per questo un'altra ipotesi fa riferimento a una qualche febbre emorragica, magari precorritrice dell'Ebola, considerando che proveniva dall'Africa.

Spesso le febbri emorragiche virali provocano la morte entro l'ottavo giorno, ed è quello che sembra evincersi dal resoconto di Tucidide. E il periodo di incubazione di tre settimane, constatato per esempio per l'Ebola, è plausibile per il tragitto dall'Africa al porto ateniese. Disponiamo inoltre della descrizione, pur di parecchio posteriore, di Tito Lucrezio Caro, l'autore del *De rerum natura* vissuto tre secoli dopo la Guerra del Peloponneso, che riporta come «la gola, inoltre, nell'interno nera, sudava sangue, e occluso dalle ulcere il passaggio della voce si serrava, e l'interprete dell'animo, la lingua, stillava gocce di sangue», e «tutto il corpo era rosso d'ulcere quasi impresse a fuoco»; anche questa è una manifestazione della febbre emorragica, più che di quella tifoidea. L'autore, peraltro, conosceva le opere di Acrone, un medico siciliano morto proprio in conseguenza della peste di Atene, dopo essere stato in città per offrire il proprio contributo. La sua è una descrizione molto meno letteraria di quella di Tucidide e assai più tecnica: ma trattandosi di un testo tanto posteriore agli eventi cui fa riferimento, non possiamo sapere quanto sia influenzato da eventi morbosi successivi, quindi non è possibile dargli troppo credito.

A ogni modo, si tratta di ipotesi non verificabili, allo stato attuale: gli agenti patogeni delle febbri emorragiche non lasciano tracce così durature da permettere la ricostruzione attraverso l'analisi del DNA. Per questo, oltre alle febbri emorragiche le ipotesi hanno riguardato anche vaiolo (i busti di Tucidide sopravvissuti fino a noi evidenziano sul suo viso alcuni segni tipici della malattia), leptospirosi, tularemia, antrace, febbre gialla ed ergotismo; o, magari, si trattava di un organismo ormai estinto o reso innocuo dal trascorrere dei millenni. Nel XIX secolo la tendenza della gente a buttarsi nelle cisterne spinse alcuni studiosi a identificare la malattia perfino con la rabbia.

In queste circostanze, ci farebbe comodo la descrizione che del morbo farebbe un vero e proprio operatore sanitario dell'epoca. Un altro celebre medico, Galeno, vissuto sei secoli dopo, fa rilevare come la descrizione del morbo a opera di Tucidide fosse quella di un profano rivolto ai profani. Contemporaneo degli eventi fu Ippocrate, il più grande medico dell'antichità, che aveva trent'anni quando Atene fu assalita dalla malattia, e che sarebbe morto molti anni dopo, nel 377 a.C. Ippocrate ci descrive diversi tipi di infezione nella Grecia antica, anche se non è ben chiaro se parlasse di malattie in atto o di cui aveva sentito parlare. Nei suoi testi, o perlomeno in quelli a lui attribuiti, possiamo ritenere certa un'epidemia di parotite nell'isola di Taso, e l'insorgenza di febbri della durata di tre o quattro giorni, che corrisponderebbero, rispettivamente, alla febbre terzana o quartana.

Sulla base delle sue descrizioni, si ipotizza inoltre che il medico abbia curato pazienti malati di tubercolosi e di difterite; di sicuro non si imbatté mai in malati di vaiolo, peste bubbonica o morbillo, e così i suoi seguaci. Sfortunatamente, non ci parla del morbo che imperversò ad Atene (così come Galeno non ci parla della peste antonina che imperversò ai suoi tempi), sebbene la tradizione ci racconti che rifiutò di andare a curare il re di Persia per poter prestare la propria opera di soccorso agli ateniesi.

Tucidide, a ogni modo, viveva in un tempo in cui la medicina si basava sull'osservazione empirica, non sull'identificazione scientifica dei microbi a livello cellulare; egli disponeva tutt'al più della teoria ippocratica dei quattro umori cardinali (sangue, flemma, bile gialla e bile nera) che formano gli elementi del corpo umano regolandone le funzioni. Di certo era un razionalista e non dava credito all'origine divina della pestilenza, considerandola comunque una calamità naturale. Ma i contemporanei che seguivano la sua linea di pensiero non potevano andare al di là di supposizioni relative all'eventuale aria inquinata, alle condizioni atmosferiche, a gas misteriosi e miasmi provenienti dai cadaveri o dall'acqua stagnante.

Lo storico non sembra dare troppo credito neppure

alle illazioni sull'iniziativa degli spartani di avvelenare i pozzi, che iniziarono ben presto a girare nell'impossibilità di dare una spiegazione plausibile all'imperversare del morbo. La comparsa della peste subito dopo quella del nemico, in effetti, alimentava più d'un sospetto. D'altra parte, una leggenda raccontava che circa un secolo prima l'eroe ateniese Solone aveva espugnato la città di Cirra mettendo del purgante nell'acqua; e gli stessi ateniesi, anni dopo e nel corso della stessa guerra, avrebbero cercato di contaminare i tubi di terracotta nei quali scorreva l'acqua potabile destinata ad alimentare Siracusa. Il richiamo di Tucidide a una provenienza lontana del morbo, senza chiamare in causa eventuali miasmi, va anche inteso come un modo per deresponsabilizzare Pericle, che molti concittadini consideravano colpevole del contagio, come si evince dal resoconto di Plutarco:

E dal momento che i nemici, pur infliggendo molti danni agli ateniesi in terraferma, non pochi ne subivano ad opera loro sul mare, era chiaro che essi non avrebbero protratto a lungo una guerra così impegnativa, ma si sarebbero presto ritirati, come Pericle aveva previsto, fin dall'inizio. Se non che una forza divina intervenne a capovolgere le previsioni umane. Innanzitutto una pestilenza micidiale si abbatté su Atene e falcidiò il fior fiore della gioventù e il nerbo dell'esercito ateniese. Consunti nel corpo e nello spirito da tale calamità, i cittadini si rivoltarono inferociti contro Pericle; e come nel delirio della malattia si cerca di aggredire il padre o il medico, così essi incominciarono ad attaccarlo, sobillati dai suoi avversari politici, i quali sostenevano che a provocare il contagio era stato l'afflusso della popolazione campagnola in città: in piena estate, infatti, la gente era stata costretta a stare stipata alla rinfusa dentro piccole case o capanne soffocanti, conducendo un'esistenza chiusa e inattiva, di contro a quella sana e all'aria aperta che conduceva prima; e ribadivano che il responsabile della situazione era colui che per via della guerra aveva riversato dentro le mura la massa di persone che fuggiva dalla campagna, e tutti questi uomini non li impiegava in qualche servizio, ma li lasciava rinchiusi come bestie a contagiarsi l'un l'altro, senza dar loro possibilità alcuna di mutare situazione o di tirare il fiato.[8]

Un altro degli elementi che uno storico acuto come Tucidide è capace di cogliere, ma che non ci aiutano a capire le caratteristiche dell'epidemia, è il suo riferimento all'impotenza dei medici e allo scoramento dei malati.

In quell'epoca non si verificò accanto alla peste alcun'altra affezione di tipo ordinario: e se pure si presentava, si trasformava in peste. I malati morivano in parte per mancanza di cure, ma ne morivano anche nonostante la più scrupolosa assistenza. Non si trovò, possiamo dire, assolutamente nessun farmaco di effetto sicuro. Quello stesso che in un caso si rivelava salutare, in un altro era nocivo. Nessuna costituzione, più o meno forte o debole, poteva opporre alcun mezzo di difesa al male, che portava via tutti senza distinzione, con qualunque trattamento si provasse a curarli.

L'effetto più tremendo di questa calamità era lo scoramento, quando ci si accorgeva di essere colpiti (abbandonavano subito ogni speranza, si ritenevano senz'altro spacciati, e non opponevano nessuna resistenza al male); e il fatto che, curandosi a vicenda, morivano di contagio, come avviene tra le bestie. Era appunto al contagio che si doveva la più intensa mortalità. Quelli che per paura evitavano i contatti morivano in solitudine (e molte famiglie furono spazzate via perché nessuno volle fare loro da infermiere). Quelli che non li evitavano vi rimettevano la vita: specie coloro che tenevano a mostrare una certa nobiltà di senti-

[8] Plutarco, *Vite Parallele, Pericle*, a cura di R. Guerrini - A. Santoni, Milano 2000, 34.

menti. Spronati dal senso dell'onore essi arrischiavano la propria esistenza visitando gli amici; mentre invece perfino i familiari, alla fine, oppressi ed esauriti dall'orrore del male, arrivavano a trascurare perfino le lamentazioni dei propri morti. Ad ogni modo maggiore pietà di questi familiari mostravano, verso chi moriva e chi lottava col male, coloro che ne erano scampati, per l'esperienza fatta, e perché ormai si sentivano al sicuro. Giacché il male non tornava una seconda volta: o almeno non tornava con esito letale. Gli altri li consideravano felici: ed essi stessi nell'esaltazione del momento si abbandonavano senza riflettere alla vaga speranza che anche per l'avvenire nessun'altra malattia se li sarebbe mai più portati via.[9]

La sua descrizione conferma che si trattava di un morbo assolutamente sconosciuto, o con cui i medici ellenici non si erano mai trovati ad avere a che fare prima di allora. Fermo restando che, nella maggior parte, le cognizioni mediche dell'epoca rendevano i rimedi poco efficaci in qualunque circostanza.

Ma provate a immaginare questa malattia in tempo di guerra. Mentre i nemici che premevano alle porte tentavano di uccidere i familiari, l'appestato si congedava dalla vita in preda al delirio. Medicine, acqua corrente, bagni, materassi e coperte – tutti i comfort della convalescenza moderna – erano indisponibili agli ateniesi malati. Aggiungete il terrore per i soldati nemici, il trauma quotidiano per la morte di figli, fratelli, sorelle, mariti e mogli, attribuibili a una malattia di cui erano sconosciute la causa, la durata, la terapia o la profilassi. Mentre infuriava l'epidemia, qualcuno doveva fornire gli alimenti, assistere i malati, portar via i cadaveri, garantire il presidio dei bastioni e organizzare le sortite.[10]

[9] Tucidide, *op. cit.*, II, 51, 1-6.
[10] Victor Davis Hanson, *op. cit.*, p. 105.

Le conseguenze

Tucidide, da parte sua, non terrebbe fede al proprio ruolo se non ci descrivesse anche gli effetti sociali del morbo:

> L'epidemia diede il segnale al dilagare della scostumatezza in Atene. Gli istinti, prima occulti, si sfrenarono dinanzi allo spettacolo dei rapidi cambiamenti: di ricchi morti subito, di nullatenenti a un tratto ereditieri. La vita e il denaro avevano agli occhi della gente lo stesso effimero valore. Godere si voleva: in fretta, materialmente. La prospettiva di spendere tempo e fatica per uno scopo degno, quando il suo raggiungimento poteva essere arrestato dalla morte, non attraeva più nessuno. Il piacere immediato e tutto ciò che facilitasse l'arrivarvi: questo solo appariva utile e degno. Nessun timore divino, nessuna legge umana li tratteneva. Empietà o religione erano tutt'uno con chi vedeva che tutti egualmente perivano. E quanto al castigo delle colpe nessuno si attendeva di vivere tanto da scontarle: ben più tremenda sentenza pesava ormai sul loro capo, e prima che scoccasse l'ora valeva la pena aver vissuto.[11]

Emerge in questo celebre passo la convinzione dello storico che l'atteggiamento successivo degli ateniesi, e quindi le loro scelte politiche, strategiche, militari e sociali siano state il frutto dell'imbarbarimento prodotto dall'epidemia; il che ci induce a riflettere sull'incidenza di un evento del genere sull'evoluzione di una civiltà, tanto più quando essa deve confrontarsi con una sfida impegnativa come quella rappresentata da un lungo e terribile conflitto con una tenace antagonista.

[11] Tucidide, *op. cit.*, II, 53, 1-4.

In sostanza, per Tucidide lo sviluppo e l'esito della guerra sarebbero stati determinati, alla lunga, dalla decadenza morale indotta negli ateniesi da ciò che accadde pressoché subito, appena al secondo anno di lotta. Dopo Pericle, nessuno si sarebbe dimostrato all'altezza del compito non solo di tener testa a Sparta, ma anche di trattare con i confederati dell'impero ateniese, resi più baldanzosi dalla debolezza della città prostrata dalla peste. E non v'è dubbio che bisogna dare ragione allo storico, quando sostiene che i comandanti spartani, i vari Gilippo, Brasida e Lisandro, si dimostrarono molto più abili di quelli ateniesi come Cleone, Demostene e Nicia. Lo stesso Tucidide si rivelò un generale poco capace e per questo finì esiliato. E Alcibiade, il vero erede di Pericle, pur dotato di indubbie qualità, finì per perdersi nella propria incapacità di porsi dei limiti, che probabilmente gli derivava dall'essere sopravvissuto alla peste, sia ad Atene che a Potidea.

Il fatalismo, poi, finì per associarsi alla superstizione. L'ammassamento degli sfollati e dei malati nei templi e nei luoghi di culto toglieva valore alla sacralità del santuario, contribuendo a ridimensionare la fede dei cittadini, che finirono per credere ciecamente in alcuni oracoli invero inquietanti. Ve n'era uno, in particolare, che sembrava risalire a epoche di molto anteriori, il quale recitava: «Dorica guerra verrà e peste con essa». Un'altra profezia fornita da Apollo agli spartani, che avevano interpellato il dio sull'opportunità di entrare in guerra, affermava: «Se avessero combattuto con tutta l'energia, avrebbero vinto, e aveva dichiarato che egli stesso li avrebbe aiutati»[12]. E se era vero che i nemici avevano anche il supporto divino, per molti ateniesi non c'era davvero nulla che si potesse: la *hybris* di Pericle era stata punita.

Il crollo della fede portò con sé anche un'altra conseguenza: la ricerca di altre divinità cui appellarsi, dato che quelle classiche non avevano fatto nulla per salvare la città e gli abitanti. Crebbe l'influenza dei culti esoterici e orientali, da Cibele a Bacco a Dioniso trace, e quella degli dèi Asclepio e Igea, rispettivamente della medicina e della salute, cui si dedicarono nuovi santuari. Lo stesso Pericle, nell'ultimo anno di vita, ripose fiducia in un amuleto che portava sempre appeso al collo.

Né le cose andarono meglio con le iniziative che Pericle aveva promosso per la controffensiva ateniese. Le truppe, chiaramente infette ma asintomatiche, che inviò a sostegno di quelle impegnate nell'assedio di Potidea e contro i calcidesi, non fecero altro che estendere il morbo anche ai connazionali di stanza lontano dall'Attica:

> Non presero la città e neppure nel resto il successo corrispose allo sforzo. Perché l'epidemia, che l'esercito portava con sé, si sviluppò qui con particolare virulenza tra le file ateniesi, e faceva strage; tanto che anche le truppe ateniesi che vi si trovavano da prima si ammalarono per il contagio di quelle di Agnone, mentre fino ad allora si erano conservate sane [...]. Sicché

[12] Ivi, II, 54,4.

Agnone con la sua flotta tornò ad Atene, dopo aver perduto, su quattromila opliti, millecinquanta uomini di peste, in circa quaranta giorni.[13]

Abbiamo qui una segnalazione numerica di cui dobbiamo fare tesoro, perché ci permette di capire che l'epidemia, perlomeno in un accampamento militare, falcidiava circa un quarto dei contagiati: le condizioni igieniche e l'ammassamento della popolazione dentro la città rendono plausibile una percentuale ancora più alta di decessi.

La vista dei cadaveri in putrefazione avrebbe perseguitato gli ateniesi per lungo tempo: basti pensare che dopo la vittoria alle isole Arginuse del 406 a.C. i comandanti vennero messi a morte per non aver recuperato i corpi dei caduti; e l'*Edipo re*, rappresentato da Sofocle pochi anni dopo la peste, sarebbe stato introdotto proprio da un'epidemia che devastava Tebe. Altrettanto indelebile nel ricordo degli ateniesi dovette rivelarsi la promiscuità tra ricchi e poveri, che probabilmente segnò l'inizio di quelle lotte sociali che avrebbero caratterizzato la politica della città nei decenni a venire.

Lo scoramento, la rassegnazione e il rancore nei confronti di Pericle spinsero gli ateniesi a invocare la pace a qualsiasi costo:

Dopo la seconda invasione dei Peloponnesi, compiuta la seconda devastazione dell'Attica, mentre durava il flagello della peste e della guerra contemporaneamente, gli umori di Atene avevano subito un cambiamento. Incolpavano Pericle di averli indotti alla

[13] Ivi, II, 58, 2.

guerra e di averli trascinati nei guai, ed erano inclini ad accordi con Sparta. Inviarono anzi a Sparta un'ambasceria, senza successo. Allora, messisi in una situazione che a loro appariva senza vie d'uscita, cominciarono a dare addosso a Pericle.[14]

Lo stratego fu anche vittima di accuse di peculato, frequenti nella vita politica ateniese, e ancor più facili da attribuire a chi aveva gestito il potere tanto a lungo senza dover rendere conto a nessuno del proprio operato. Ma non lo si poteva processare finché avesse goduto dell'immunità connessa alla sua carica. Tucidide riporta un suo ultimo discorso, sostenendo che la sua efficacia fu tale da convincere i concittadini a giudicarlo benevolmente e a rinunciare ai loro propositi di pace. In realtà, i suoi avversari politici fecero pressioni sul Consiglio dei cinquecento perché lo rimuovesse dal suo ruolo e in effetti Pericle finì per essere destituito prima della naturale scadenza del suo ennesimo mandato, per poi essere processato.

Le accuse erano estremamente gravi e prevedevano che le somme oggetto di ammanco venissero rinfuse fino a dieci volte il loro ammontare, e perfino la pena di morte. Tuttavia, i suoi difensori riuscirono a convertirle in semplici "irregolarità", che comportarono solo una forte multa. Ma lo statista sessantaseienne, che aveva perso a causa della peste i suoi due figli Paralo e Santippo – il secondo dei quali, in verità, suo avversario – sembrava ormai caduto in disgrazia e destinato a un

[14] Ivi, II, 59, 1-2.

triste declino; solo la manifesta inadeguatezza dei suoi successori spinse i concittadini a volerlo di nuovo come stratego supremo per il 429. Ma Pericle non ebbe la possibilità di prendere alcuna iniziativa di rilievo: minato anch'egli da una malattia, probabilmente la stessa che aveva sterminato la sua gente – anche se le fonti ne indicano un decorso molto più lento –, si spense lasciando Atene priva di una guida nel momento più difficile della sua storia.

Nella stagione bellica del 429 a.C. spartani e beoti, invece di invadere ancora l'Attica falcidiata dalla peste, preferirono porre il blocco a Platea. Se avessero osato rischiare un assalto ad Atene, prostrata dall'epidemia e orfana della guida di Pericle, probabilmente ne avrebbero avuto ragione. Ad ogni modo, i difensori di Platea resistettero eroicamente per un anno e mezzo con una guarnigione ridotta all'osso – quattrocento plateesi e ottanta ateniesi – per evitare di essere presi per fame; ma non poterono contare su altri che sé stessi, poiché dal 428 gli spartani ripresero a devastare l'Attica ogni estate e, soprattutto, Mitilene, la città principale dell'isola di Lesbo, rinunciò all'alleanza con Atene, privandola della sua consistente flotta.

Atene diede inizio allora a un nuovo e costoso assedio, al quale deputò una flotta di quaranta navi. Le risorse della città non erano più quelle dei tempi che avevano preceduto la peste, e si dovettero mettere degli opliti ai remi: ciononostante furono sufficienti a vanificare i piani dei peloponnesiaci (che intanto continuarono a devastare l'Attica senza costrutto per nessuno). Mitilene si arrese all'inizio dell'estate del 427 a.C., e il suo conquistatore, il navarco Paches, morì suicida al suo ritorno in patria, dopo essersi preso le solite accuse di peculato.

Ancor più a ovest, nella Magna Grecia, l'endemica contrapposizione tra le città ioniche favorevoli ad Atene, con a capo Reggio, e quelle doriche, che facevano capo a Siracusa, si stava trasformando in una guerra, che andava a svantaggio soprattutto dei peloponnesiaci, i quali contavano sull'appoggio della città siracusana e sugli invii di grano: in conseguenza dello stato conflittuale, il primo non venne mai, i secondi furono bruscamente interrotti.

Si era ormai al quinto anno di guerra. Prima che la stagione bellica terminasse gli ateniesi decisero di consolidare la situazione che si prospettava a loro favore nell'Italia meridionale e inviarono una flotta al comando del navarco Laches, il quale colse una vittoria a Milazzo, assicurando ad Atene il controllo dello stretto di Messina, prima di essere destituito ed essere accusato di peculato anche lui. In effetti, il partito favorevole alla guerra in Atene stava iniziando a sondare il terreno per allargare l'impero ateniese anche a occidente, ma tutti i voli pindarici ebbero un brusco arresto per un nuovo sussulto della peste, che mieté nuove vittime.

A volte ritornano

Nell'inverno seguente [427-426 a.C.] l'epidemia piombò per la seconda volta su Atene. Essa non era mai scomparsa completamente; tuttavia c'era stata una certa interruzione; per la seconda volta durò un anno, la prima addirittura due. Fu per la potenza ateniese il colpo più duro. La morte portò via non meno di quattromila e quattrocento opliti e trecento cavalieri; della moltitudine delle altre vittime il numero non era determinabile.[15]

Quattromila e quattrocento opliti sono una cifra rilevante e, francamente, poco credibile, soprattutto in relazione al fatto che Atene, nell'estate successiva, non esitò a respingere le proposte di pace di Sparta e a rinnovare le operazioni di guerra, cogliendo con Demostene una importante vittoria a Naupatto e fronteggiando con maggior efficacia del solito la consueta invasione lacedemone dell'Attica. Ma dobbiamo fidarci dello storico, che per il resto si è sempre dimostrato affidabile.

Calcolando una popolazione maschile di trenta-quarantamila uomini, di cui la metà potenzialmente adatti a entrare nei ranghi della fanteria pesante, ciò significa che almeno un terzo della forza militare di Atene venne meno nell'arco di un quadriennio; senza comunque considerare gli stranieri privi di cittadinanza, che facevano occasionalmente parte della falange. E la stessa proporzione si rispetta tra i cavalieri, che erano un migliaio in tutto: effettivi preziosi per contrastare gli scorridori

[15] Ivi, III, 87, 1-4.

spartani nell'Attica, e la cui mancanza fu evidente anche durante la campagna in Sicilia. «In termini relativi», afferma Victor Davis Hanson, «la peste si rivelò per gli ateniesi l'equivalente antico di una Somme o di una Stalingrado».

Se poi la percentuale di un terzo di decessi si rispetta anche tra la popolazione civile, donne, bambini, meteci e teti – e anzi dovremmo supporre una mortalità maggiore – dovremmo ipotizzare la scomparsa di almeno settanta-ottantamila persone tra i cittadini e gli sfollati dell'Attica. Se calcoliamo almeno un terzo di maschi adulti, ovvero di produttività in termini di forza-lavoro, abbiamo una perdita di mille talenti, che corrispondeva all'equivalente annuo dell'intero fondo di riserva accantonato per la difesa della città tramite la flotta. Né si può sottovalutare, ai fini strettamente militari, la morte delle donne, che avrebbero potuto contribuire non solo a curare malati e feriti ma anche ad alimentare i combattenti; o quella degli schiavi, che costituivano il personale ausiliario addetto alle salmerie in campagna o a riempire i ranghi dei rematori sulle navi: sei o settemila morti tra i ventimila rematori ateniesi significava, di fatto, una trentina di triremi in meno.

Lo storico Pausania riferisce che ancora un trentennio dopo gli ateniesi non parteciparono alla spedizione panellenica in Asia Minore, adducendo come motivo le perdite causate da guerra e peste. Rispetto ai diecimila opliti ateniesi impiegati a Maratona, o ai sedicimila impiegati contro Megara da Pericle, appaiono molto contenute le cifre delle falangi schierate nelle battaglie successive alla peste da Atene: settemila a Delio, un migliaio a Mantinea; e si trattò in entrambi i casi di sconfitte, che avrebbero potuto tramutarsi in vittorie con qualche reparto in più a disposizione e, di conseguenza, in un cambiamento radicale della situazione strategica. Una situazione strategica già mutata dalla comprensibile decisione degli ateniesi di abbandonare la soluzione di Pericle, evitando di trincerarsi entro le mura e, quindi, dovendo affrontare battaglie campali con effettivi ridotti.

Per incrementare la popolazione falcidiata dalla moria, non si andò neppure più per il sottile in fatto di concessione della cittadinanza, che fino ad allora era stata limitata a chi fosse figlio di entrambi i genitori ateniesi. Adesso ne bastava uno, così come fu concessa la poligamia, che consentì a personaggi come Socrate ed Euripide di avere figli da altre mogli. Bisognava sempre tener conto del fatto che la malattia potesse tornare: nel 420, durante un tentativo di trattare la pace, spartani e argivi vollero inserire una clausola che prevedeva l'abolizione di alcune condizioni in caso di ricomparsa della peste.

Per un'impresa in grande stile, quella che avevano iniziato a vagheggiare in Sicilia già all'indomani della peste, gli ateniesi avrebbero dovuto attendere ancora undici anni e la cosiddetta pace di Nicia, che avrebbe consentito alla città di ricostituire le finanze e il potenziale militare: «Da poco la città si era rimessa, grazie alla tregua, dall'epidemia e dalla guerra, con la ricca fioritura della nuova gioventù e col rinsanguamento delle finanze, sicché gli armamenti erano in tutto facilitati»[16].

Ma il fallimento davanti a Siracusa si rivelò decisivo quanto la pestilenza: dei cinquantamila uomini inviati nel corso dei due anni di assedio ne sarebbero sopravvissuti solo settemila, e soltanto per essere giustiziati, come gli strateghi Nicia e Demostene, o inviati a morire nelle latomie.

La guerra sarebbe proseguita stancamente per altri nove anni, con alterne vicende che avrebbero visto Atene giungere perfino a rifiutare le proposte di pace di Sparta dopo averle inflitto una cocente sconfitta navale, a Cizico. Ma le disfatte subite dopo di allora l'avrebbero fatta pentire della sua scarsa lungimiranza: a Nozio (406 a.C.), alle Arginuse (dove, dopo una netta vittoria, gli ateniesi persero parte della flotta a causa di una tempesta) e soprattutto all'Egospotami (405 a.C.), dove gli spartani di Lisandro poterono impossessarsi dell'intera flotta ateniese mentre gli equipaggi erano a terra a vettovagliarsi, l'avrebbero costretta a una pace che ne avrebbe minato per sempre la potenza.

Per la prima volta, infatti, dopo quest'ultimo disastro Atene si ritrovò circondata davvero, non solo da terra, ma anche dal mare, quel mare che le aveva assicura-

[16] Ivi, VI, 26,2.

to la sopravvivenza nei momenti più drammatici e reso inefficace qualsiasi azione terrestre, perfino in occasione della conquista della città da parte di Serse, perfino durante le puntuali scorribande spartane in Attica; quel mare sul quale nessuno era mai stato in grado di competere con la sua potenza. La resa per fame era inevitabile, e gli spartani non si curarono di dare l'assalto alle Lunghe Mura, limitandosi a rimanere in attesa.

Tracce della loro superbia erano comunque rimaste agli ateniesi che, anche in quella situazione, pretesero di dettare condizioni. Ma la demolizione di due chilometri per ciascun lato delle Lunghe Mura era la condizione che gli spartani consideravano imprescindibile, e Cleofonte, già responsabile della prosecuzione della guerra dopo Cizico, convinse i suoi concittadini a rifiutare, minacciando di uccidere chiunque parlasse di resa. L'assedio continuò per altri tre mesi, fino a quando la folla, decimata dalla carestia, non uccise Cleofonte, e Teramene negoziò la resa.

Fosse stato per corinzi e tebani, i più rosi dall'odio nei confronti degli ateniesi, nulla di Atene sarebbe rimasto in piedi, e nessun cittadino avrebbe potuto sfuggire alla morte o alla schiavitù; era quello, d'altronde, il destino che gli ateniesi usavano riservare agli avversari più nocivi. Ma gli spartani, sempre tanto severi con sé stessi, dimostrarono ancora una volta la loro moderazione, limitandosi a imporre alla città vinta delle modalità che la rendessero una delle tante *pòleis* della Grecia prive della possibilità di acquisire preminenza sulle altre.

Gli ateniesi furono così costretti ad accettare la riduzione del loro impero alla sola Attica, la distruzione delle Lunghe Mura, la consegna della flotta residua – tranne dodici navi –, il rientro degli esuli politici, l'alleanza con Sparta come città subordinata. Solo allora Lisandro entrò con la propria flotta nel Pireo. Era il 16 aprile del 404 a.C., e la lunga serie di guerre del Peloponneso aveva così termine: i caratteristici flauti spartani avrebbero subito dopo accompagnato la demolizione delle fortificazioni che avevano rappresentato la potenza dell'impero ateniese. La conclusione del conflitto sanciva anche l'inizio della decadenza politica della penisola greca, e qualsiasi impero avesse caratterizzato i territori delle città-Stato in futuro, sarebbe stato straniero.

La Guerra del Peloponneso aveva anche provocato una rivoluzione nell'arte della guerra. Era finito il tempo delle battaglie campali tra falangi contrapposte che, nell'arco di un pomeriggio, risolvevano un conflitto tra due Stati. La lotta si era estesa all'intera Grecia, con gli scacchieri secondari e periferici, come l'Asia Minore, l'Ellesponto e la Sicilia, ben più decisivi degli scontri in Attica, in Beozia e nel Peloponneso.

I contendenti avevano fatto di tutto per superarsi, sviluppando le loro capacità logistiche e poliorcetiche, riconsiderando e incrementando l'importanza di tipologie di combattenti diverse dalla fanteria pesante; di tutto, per annullarsi l'un l'altro, perseguendo una guerra totale, di sterminio, che solo pochi decenni prima rappresentava un fatto estremamente raro. Ma, come abbiamo visto, nulla più della peste, o cosiddetta tale, ha condizionato l'andamento e l'esito della guerra sotto ogni aspetto: militare, strategico, politico, economico, sociale e infine anche psicologico. Non si esagera affermando che l'epidemia che imperversò nella città, e solo in essa, nella prima fase della lunga Guerra del Peloponneso, determinò il destino della civiltà ateniese, togliendola dal palcoscenico che aveva occupato nell'ultimo secolo di storia, per relegarla da allora in poi a un ruolo marginale, ben più della sua antagonista, protagonista ancora di numerosi episodi epici della storia greca, almeno fino alla conquista da parte di Roma.

II

La peste antonina
(165-180 d.C.)

Carenza di informazioni

Fece di persona soltanto una guerra, contro i Marcomanni, ma grande quanto non se ne ricordano altre, al punto che è paragonata alle guerre puniche. Divenne poi tanto più penosa per il fatto che tutti gli eserciti romani erano andati in rovina. Sotto il regno di costui, infatti, ci fu un'epidemia di peste tanto violenta che, dopo la vittoria contro i persiani, a Roma, in Italia e nelle province la maggior parte della popolazione e quasi tutte le truppe di soldati morirono di malattia.[1]

Questa sintetica esposizione del regno di Marco Aurelio, redatta da Eutropio, vissuto due secoli dopo, focalizza l'attenzione sui tre momenti salienti del delicatissimo periodo in cui l'imperatore-filosofo si trovò a reggere, suo malgrado, un impero squassato da una serie di eventi drammatici come mai in precedenza. Il cronista, in realtà, dimentica la pur fugace guerra civile con Avidio Cassio, ma fa rilevare come nel ventennio di regno di Marco si sia passati dalla trionfale vittoria contro i parti allo stillicidio rappresentato dalla

[1] Eutropio, *Storia di Roma*, a cura di F. Gasti - F. Bordone, Sant'Arcangelo di Romagna 2014, VIII, 12, 2.

pressione di tutti i popoli barbari che diedero l'avvio a una lunga serie di invasioni destinata a concludersi, quasi tre secoli dopo, col crollo dell'impero. Ed Eutropio è anche l'autore antico che più di ogni altro individua nell'insorgenza della peste l'inizio della rovina dello Stato romano e del suo esercito. Basti pensare, per esempio, che in altri preziosi autori come Cassio Dione (del quale, in verità, di questo periodo sopravvivono solo dei frammenti), se ne fa soltanto un cenno: «Durante il ritorno Cassio perse moltissimi soldati per fame e per malattia ma, tuttavia, tornò in Siria con i soldati che gli rimanevano»[2].

Non che si possa dire di avere a disposizione molte più testimonianze su tali argomenti. Sono trascorsi sei secoli dalla Guerra del Peloponneso e dalla peste di Atene, e il lettore si aspetterebbe una maggiore ricchezza di fonti. È vero il contrario, piuttosto. Le informazioni su cui ci basiamo per ricostruire gli eventi e i processi storici, nonché le vite dei personaggi, sono tratte dal materiale sopravvissuto alla consunzione del tempo e alle distruzioni, ai saccheggi e alla dispersione; non è inusuale che un'epoca più antica sia meglio documentata di una più recente: è sufficiente che sopravviva l'opera di un autore contemporaneo attento, informato e dettagliato come Tucidide, testimone e perfino protagonista negli eventi, per permetterci di conoscere i suoi tempi meglio di altri, come quelli di

[2] Cassio Dione, *Storia Romana*, a cura di A. Valvo - A. Stoppa - G. Migliorati, Milano 2009, LXXI, 1,4.

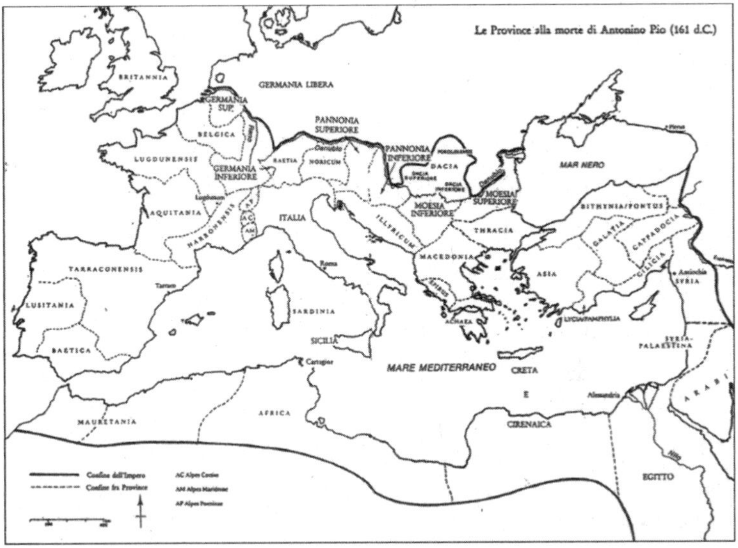

L'impero alla morte di Antonino Pio (161 d.C.).

Marco Aurelio, di cui non è rimasta alcuna fonte coeva, né dettagliata né superficiale.

È un vero paradosso, ma del periodo di maggior fulgore dell'impero romano, da Traiano a Marco Aurelio, ottant'anni durante i quali l'Urbe raggiunse la sua massima espansione, abbiamo solo fonti posteriori, e anche di molto, in gran parte sintetiche, confuse, contraddittorie, quando non tendenziose o addirittura leggendarie.

Basti pensare che di quella che Eutropio definisce la più grande guerra dei romani, al pari delle guerre puniche (ma gli autori antichi lo hanno detto anche di quelle daciche di Traiano) non siamo in grado di offrire una ricostruzione se non ipotetica e intermittente. Ma che sia stata imponente e impegnativa lo si evince dalla durata, che investe almeno un quindicennio, durante il quale l'imperatore, che era tutt'altro che un guerrafondaio o un condottiero, fu costretto a passare gran parte del tempo lungo le frontiere.

Marco Aurelio

La massima espansione dell'impero, promossa da Traiano, fu immediatamente smentita proprio dall'uomo che l'attivo imperatore aveva prescelto a succedergli: Adriano. Convinto che il salasso necessario per difendere la sterminata estensione dei confini della Romània fosse largamente superiore ai vantaggi offerti dal possesso delle terre tra i mari Nero e Caspio – o di qualsiasi ulteriore conquista –, questi rinunciò deliberatamente alle acquisizioni compiute dal predecessore, mantenendo comunque tra gli Stati clienti quanto incorporato, come l'Arabia, che insieme al mar Rosso rappresentava uno dei due strumenti di controllo delle vie commerciali verso l'India. Nuove rivolte e piccole infiltrazioni barbariche indussero Adriano alla precisa scelta, perseguita anche dal suo successore, Antonino Pio, di rinunciare del tutto a una politica di espansione, puntando piuttosto al consolidamento della struttura amministrativa dell'impero, e a una maggiore definizione delle frontiere, come attestano i valli fatti costruire dai due imperatori in Britannia.

Nulla ci impedisce di pensare che la stessa politica sarebbe stata perseguita anche dal loro successore, Marco Aurelio, se nel suo regno non fossero venuti al pettine tutti i nodi costituiti da una insufficiente linea di difesa in alcuni settori. Al trono Marco arrivò nel 161, a quarant'anni, adottato da Antonino, della cui moglie era nipote, e di cui sposò la figlia, Faustina; in precedenza, suo padre era stato la prima scelta di Adriano, ma era morto prima che il giovane compisse diciassette anni.

Il nuovo imperatore chiese e ottenne dal Senato che il fratello minore, Lucio Vero, a sua volta adottato da Antonino, gli fosse associato al trono. Era accaduto ripetutamente che l'erede designato venisse investito dal padre adottivo di poteri simili se non uguali ai suoi; ma era la prima volta che due imperatori regnavano congiuntamente, e sarebbe stata anche l'unica diarchia priva di precise distinzioni territoriali tra la parte amministrata dall'uno o dall'altro.

Nessuno, tuttavia, metteva in dubbio che la preminenza spettasse al più anziano, e non solo per questioni di età: Lucio Vero era un gaudente, dissoluto, frivolo, superficiale, anche se di buoni sentimenti, generoso e, francamente, tutt'altro che nocivo. Quando scoppiò la prima crisi, quindi, subito dopo l'assunzione al trono, Marco ritenne che fosse l'occasione giusta per far assumere qualche responsabilità concreta al fratello; il più anziano dei due sovrani non era un ambizioso per natura, le imprese dei grandi condottieri del passato esercitavano

Busto di Marco Aurelio. Incisione di F Garzoli.

su di lui un fascino minore del pensiero dei filosofi dell'antichità; in sostanza, il suo spirito meditativo lo induceva a differire quanto più a lungo possibile un impegno diretto in ambito militare.

La guerra partica

La crisi riguardava l'Armenia, da lungo tempo oggetto di contesa con l'impero dei parti. Il pericolo di una guerra era rimasto sempre, latente, anche in quel periodo di relativa pace, e se la Partia non aveva mai veramente seguito una politica palesemente offensiva nei confronti di Roma, ciò era dovuto ai suoi limiti endemici, costituiti dalla mancanza di una forte autorità centrale e di un esercito permanente. Tuttavia nel 162 il "re dei re" Vologese III, forse incoraggiato dall'atteggiamento poco bellicoso tenuto dai romani per decenni, aveva rinnovato la politica del suo predecessore ai tempi di Traiano, invadendo l'Armenia e insediando sul trono un principe della sua famiglia, in luogo del sovrano investito da Roma. Gli era andato sollecitamente incontro il governatore della Cappadocia, Marco Sedazio Severiano, che però si era fatto circondare e massacrare dalla cavalleria partica a Elegeia, sul corso superiore dell'Eufrate. Per giunta, sullo slancio i nemici avevano invaso anche la Siria, senza che il governatore Attidio Corneliano fosse in grado di opporsi.

Marco Aurelio aveva a disposizione valenti generali, in grado di fronteggiare la situazione; ma l'entità del disastro rendeva necessario conferire ampi poteri e grande discrezionalità a qualcuno di questi, con i rischi che ciò comportava per la stabilità del trono. Se però costoro, cui l'imperatore mise a disposizione truppe prelevandole dal Reno, dal Danubio, dall'Africa e dall'Egitto, avessero agito sotto il coordinamento di suo fratello, a sua volta "guidato" da lui, c'era da star certi che, in Oriente, si sarebbe badato solo ai parti, senza che qualcuno si facesse venire grilli per la testa. Finì che, in un quadriennio di permanenza in Oriente, Lucio Vero vide il fronte solo un paio di volte, senza influire in alcun modo sulle operazioni, che vennero brillantemente condotte in particolare da Marco Stazio Prisco, Marzio Vero e Avidio Cassio.

Al primo, un personaggio di grande esperienza, già governatore di Dacia, Mesia e Britannia, fu affidato il compito di recuperare l'Armenia, incarico che seppe assolvere nell'arco di un anno, arrivando a conquistare e distruggerne la capitale, Artaxata, e a insediare un re gradito ai romani: la sua impresa valse ai due imperatori il titolo di "Armeniaco". Gli altri due operarono invece in Mesopotamia, avanzando lungo l'Eufrate e poi risalendo fino al Tigri.

Grazie alla fermezza di Avidio Cassio, celebre per i suoi metodi spietati nell'imporre la disciplina, quelle stesse truppe derise dai tempi di Nerone per la loro scarsa combattività, riportarono una decisiva vittoria a Dura-Europos, quindi a Susa, e conquistarono città importanti come Edessa e Nibisi, Seleucia e la stessa capitale Ctesifonte, spingendosi nel 166 oltre il Tigri, in Media, e permettendo a Lucio Vero di fregiarsi dell'appellativo di "Medico".

La strategia che in seguito Marco Aurelio avrebbe rivendicato come propria consisté in sostanza nella contestuale avanzata delle tre armate, due delle quali tagliarono fuori dalla Mesopotamia settentrionale il grosso dell'esercito partico, situato lungo l'Eufrate, per

Busto Lucio Vero. Incisione di F Garzoli.

poi stringerlo a ridosso di Avidio Cassio, che operava dall'Assiria.

Ma tutti i piani romani furono compromessi dalla comparsa di un nuovo nemico, molto più imbattibile di qualsiasi esercito: la peste. Il suo devastante dilagare costrinse Avidio Cassio a tornare indietro e gli imperatori a sospendere la guerra accontentandosi dei risultati fin lì raggiunti. Ancora una volta, dunque, la Partia era stata sconfitta ma non annichilita, e altro non si poteva fare che tornare alla soluzione di sempre, rappresentata dal vassallaggio dell'Armenia, e limitarsi a riannettere l'ansa dell'Eufrate, ovvero l'Osroene e la zona che era stata teatro della sconfitta di Crasso a Carre. Ciononostante, Avidio Cassio aveva operato al meglio, e gli venne attribuito il governatorato di Siria, mentre nell'agosto del 166 i due imperatori celebravano un trionfo.

Ma fu un trionfo di cui si gioì per brevissimo tempo. La peste accompagnò le legioni nel loro ritorno in Occidente e proseguì la sua sinistra opera nel cuore dell'impero; per giunta, nel clima spettrale determinato dalla falcidia della malattia, giunsero notizie che la frontiera mitteleuropea stava cedendo.

Due le cause: i goti, già emigrati dall'estuario della Vistola alla Germania orientale, si muovevano verso la Russia e, sebbene fosse ancora lontano il tempo in cui sarebbero giunti a contatto con l'impero, il loro imponente spostamento aveva messo in agitazione tutti i popoli a ridosso del confine danubiano, in parte clienti di Roma o, nella peggiore delle ipotesi, poco bellicosi o in lotta tra loro. Inoltre, la frontiera del Danubio, costituita dalle province di Rezia, Norico, le due Pannonie, la Dacia e le due Mesie, rappresentava tutt'altro che un baluardo insuperabile; anzi, dopo l'ulteriore indebolimento determinato dall'invio di truppe in Oriente per la guerra partica, era un obiettivo apparentemente alla portata di chiunque disponesse di un esercito sufficiente a sgominare gli scarsi effettivi di presidio (i quali erano, nella regione superiore del fiume, semplici guarnigioni di ausiliari). Per giunta, il governatore della Pannonia inferiore aveva scelto proprio quel momento per congedare, il 5 maggio 167, i veterani che avevano raggiunto il limite temporale del servizio.

In sostanza tutte quelle tribù, fino ad allora divise da una endemica rivalità o da un disinteresse reciproco, sulla spinta della minaccia da tergo dei goti, avevano individuato uno scopo comune: longobardi, obii, vandali victuali, charii risiedevano in una fascia arretrata rispetto alla frontiera imperiale, e la spinta in avanti li portò presto a stretto contatto con i romani, determinando un ravvivamento dello spirito bellico dei popoli che costituivano la cintura di protezione dei confini imperiali. «Si erano uniti nella ribellione tutti i popoli compresi tra il confine dell'Illirico e la Gallia, come i marcomanni, i varisti, gli ermunduri, i quadi, i suebi, i sarmati, i lacringi e i buri... assieme ai victuali, i sosibi, i sicoboti, i rossolani, i bastarni, gli alani, i peucini e i costoboci»[3], per avanzare verso sud il loro baricentro, ai danni dell'impero.

Uno sgarbo ad Apollo

Quando questa città [Ctesifonte] fu espugnata dai generali di Vero Cesare, fu tolta dalla sua sede un'immagine di Apollo Comeo, che fu portata a Roma, dove i sacerdoti degli dèi la collocarono nel tempio di Apollo Palatino. Si narra poi che dopo il rapimento di questa statua, allorché fu data alle fiamme la città, i soldati, rovistando nel tempio, s'imbatterono in un foro angusto; apertolo nella speranza di trovarvi qualche oggetto prezioso, da un recesso, che era stato chiuso con formule magiche dai Caldei,

[3] *Historia Augusta*, a cura di P. Soverini, Milano 1993, *Marco*, 22,1.

balzò fuori una pestilenza primordiale che, formata da violente e instabili malattie, all'epoca dello stesso Vero e di Marco Antonino contaminò con contagi e morti tutto l'impero dai confini della Persia fino al Reno e alle Gallie.[4]

Ecco cosa pensava della cosiddetta peste antonina Ammiano Marcellino, un autore che visse due secoli dopo e che generalmente gode di fama quasi pari a quella di Tucidide in quanto a lucidità e acutezza. I romani la consideravano la vendetta di Apollo e, comunque, ne avevano un primitivo timore religioso, soprattutto per la grande novità che essa rappresentava. In realtà, la sottrazione della statua faceva parte del saccheggio cui le truppe romane avevano sottoposto la città nonostante essa avesse aperto loro pacificamente le porte:

> Il suo destino volle che in tutte le province per cui passò ritornando a Roma [Lucio Vero] apparisse quale portatore di pestilenza. In realtà si dice che la pestilenza abbia avuto origine in Babilonia, dove da un forziere d'oro del tempio di Apollo che per avventura un soldato aveva forzato, sarebbe spirato fuori il germe appestante, che di lì diffuse il contagio tra i Parti e in tutto il mondo; e questo non per colpa di Vero, ma di Cassio, che, mancando di parola, espugnò Seleucia, città che aveva accolto come amici i nostri soldati.[5]

Così leggiamo in autori posteriori. Ma quella della violazione degli accordi è una storia che va perlomeno ridimensionata: considerando la *damnatio memoriae* cui fu sottoposto Avidio Cassio per essersi proclama-

[4] Ammiano Marcellino, *Storie*, a cura di A. Selem, Torino 1994, XXIII, 6, 24.
[5] *Historia Augusta*, cit., *Vero*, 8, 1-3.

to imperatore un decennio dopo, è comprensibile che le sue imprese siano state messe in cattiva luce; tanto più che agiva agli ordini di un imperatore, Lucio Vero, anch'egli non propriamente apprezzato dalla storiografia.

Al di là della fantasiosa storiella legata al modo in cui contagiò i soldati romani, in prospettiva possiamo dire, con Kyle Harper, che «la comparsa del morbo segnò un'epoca sia nella storia romana sia nella storia naturale. [...] In un certo senso, la peste antonina fu una creatura del caso, l'esito conclusivo e imprevedibile di innumerevoli millenni di esperimenti dell'evoluzione. Contemporaneamente, l'impero – con le sue connessioni globali e la rapidità di comunicazioni e spostamenti – aveva creato le condizioni ecologiche per lo scoppio della prima pandemia della storia»[6].

Eccola, soprattutto, la grande differenza con la pestilenza esaminata nel capitolo precedente. La globalizzazione promossa dall'impero romano, quell'impero che Atene aveva fallito nel creare, portò le epidemie locali a uno stadio successivo, quello delle pandemie.

I romani erano intervenuti sull'ambiente per creare un mondo uniforme fatto di grandi arterie, anfiteatri, terme, mura, che tutto collegava grazie al diboscamento e al prosciugamento, spianando così la strada alla rapida espansione non solo della civiltà, ma anche delle malattie. William McNeill parla di «confluenza dei bacini

[6] Kyle Harper, *Il destino di Roma*, Torino 2019, pp. 82-83.

di patogeni euroasiatici», a proposito del mondo che si fece più piccolo, grazie all'espansione dell'influenza romana. E dalla peste di Atene sei secoli non erano passati senza conseguenze; di città come Atene, all'epoca di Marco Aurelio, ve n'erano un'infinità, il che significa che molti di più erano i centri urbani dove le condizioni igienico-sanitarie lasciavano a desiderare, moltiplicando gli effetti di patologie di ogni tipo: a quei tempi, banali malattie come diarrea e influenze quotidiane da raffreddamento potevano rivelarsi letali per un gran numero di persone. E proprio quelle condizioni, accompagnate da una prevalente debole costituzione fisica delle persone, hanno senza dubbio facilitato l'azione dirompente di una malattia ad alto coefficiente di contagio.

Di fronte alla carenza di documentazione scritta, dobbiamo basarci su quello che Harper chiama «fardello biologico» dei cittadini romani, rappresentato dalle loro ossa, il cui studio può rivelare molti elementi sulle debilitanti malattie croniche di cui soffrivano. In particolare in estate sembrano essere comparse regolarmente malattie come la dissenteria bacillare e la febbre tifoide, e ancor più, nella stessa Roma, la malaria, che peraltro avrebbe flagellato la città eterna anche nel Medioevo, tanto da spingere i papi a scegliersi delle residenze estive in luoghi laziali più salubri come Viterbo, Rieti, Anagni e Montefiascone.

Cibo e acqua favorivano le patologie gastrointestinali, trasmissibili per via orofecale e attraverso mosche e zanzare, veicoli privilegiati di batteri. La miscela di caldo estivo e scarsa igiene personale faceva sì che una città ad alta densità abitativa fosse letteralmente assediata dai germi. Nell'Urbe la malaria estendeva la mortalità anche all'autunno, grazie alla persistenza della zanzara anofele, che prosperava nelle acque stagnanti e paludose – va ricordato che in origine la zona del Foro romano, tra i colli occupati dai più antichi cittadini, era un lago –, veicolando un agente patogeno particolarmente virulento, il *Plasmodium falciparum*. Esso causava quella che veniva definita febbre semiterziana, con una temperatura che si alzava e si abbassava a giorni alterni.

L'Urbe era nota per la sua aria insalubre (da cui il nome del morbo: "malaria") e gli architetti, non a caso, davano indicazioni su come costruire edifici tenendo conto del terreno acquitrinoso e delle sue esalazioni. Ma Roma era solo la punta di un iceberg costituito da una tendenza all'omologazione di tutti i territori su cui l'impero stendeva la mano. Ovunque, la costruzione delle strade aveva portato alla deforestazione, e i boschi avevano ceduto spazio a campi e acque stagnanti, ambienti molto più favorevoli per le zanzare; parimenti, l'abbondanza di fontane, terme, giardini, piscine e acquedotti creava un habitat naturale per gli insetti: «L'impero romano fu un esperimento non intenzionale di riproduzione delle zanzare», dice ancora Harper[7].

Non paia fuor di luogo questo *excursus* sulla malaria che, a quanto sappiamo, non fu il morbo della peste

[7] Ivi, p. 111.

antonina. Tuttavia, è noto che essa provocava una forte denutrizione, lasciando le vittime vulnerabili ad altre infezioni, e in tal senso possiamo anche interpretare la facile diffusione della pandemia nel bacino mediterraneo, dove la malaria probabilmente era endemica per il clima particolarmente umido. Colpiva soprattutto i bambini, rallentando o compromettendo il loro sviluppo fisico (fino a provocare il rachitismo) e minando il loro sistema immunitario. E i forestieri che venivano a Roma, non immunizzati, potevano morire in pochi giorni.

Ma le condizioni create dall'impero avevano favorito anche l'insorgenza di altre malattie endemiche, come la lebbra e la tubercolosi (quest'ultima facilmente riscontrabile negli scheletri), così come di altri morbi non meglio specificati. Gli autori antichi ci danno notizia di una prima pestilenza in Italia nel 43 a.C., giusto l'anno seguente alla morte di Cesare, e forse di un violento attacco di malaria a Roma, come conseguenza di un'inondazione del Tevere. Vent'anni dopo si parla di un anno malsano nell'Urbe e di un'altra inondazione, l'anno successivo di una nuova pestilenza in Italia. Per il 65 d.C. Tacito accenna a una pestilenza autunnale dopo una tempesta, che avrebbe fatto trentamila morti, e la notizia trova conferma in Svetonio e in Orosio, che a sua volta fa cenno a una peste nel 77 d.C. Diecimila sarebbero stati i morti giornalieri a Roma dopo l'eruzione del Vesuvio, nel 79-80, mentre dieci anni dopo si parla di gente che moriva a Roma ricoperta di "punture di spillo", qualunque cosa voglia dire; sotto il regno di Adriano è segnalata più d'una pestilenza e sappiamo di un'epidemia di antrace in molte città dell'Asia. Per la gran parte, comunque, si trattava di malattie conosciute e familiari; ciò che avvenne nel 165, invece, si rivelò assolutamente inedito.

Un mondo a portata di mano

Le reti commerciali dell'impero romano si estendevano ovunque. A est si ha notizia di contatti commerciali perfino in Cina: gli annali cinesi della dinastia Han riferiscono di ambasciatori inviati da Antun, ovvero Antonino, cioè Marco Aurelio; probabilmente si trattava di commercianti, e il contatto risale proprio all'anno in cui Avidio Cassio tornava dalla Partia. Sappiamo però che fino ad allora i romani si erano spinti in Malesia, e certamente gravitavano nel Golfo del Bengala e nei territori dell'India. Pare che almeno centoventi battelli l'anno si spingessero nell'Oceano indiano dall'Egitto all'India, da dove facevano pervenire a Roma beni di lusso come seta, spezie, carapaci di tartaruga, avorio, gemme e schiavi. Plinio il Vecchio afferma che il commercio con l'Oriente costava a Roma dieci tonnellate d'oro, ovvero un sesto del bilancio imperiale dell'esercito. Un singolo carico di una nave chiamata *Hermapollon*, contenente nardo e pepe, fu valutato sette milioni di sesterzi, ovvero come ventitremila tonnellate di grano. Per contro, oro e vino erano i beni maggiormente richiesti a Oriente, e l'Urbe ne forniva in quantità.

In Africa, l'Arabia e l'Etiopia avevano contatti continui con l'Urbe, e solo a occidente l'Atlantico costituiva una barriera invalicabile. La città di Axum, nell'Etiopia settentrionale, era il maggior centro di produzione dell'avorio che giungeva a Roma, oltre che la capitale di una fiorente civiltà. All'epoca di Marco Aurelio, abbiamo notizia di un avamposto romano occupato da un distaccamento della legio II Traiana in un'isola del mar Rosso all'altezza dell'attuale Yemen, almeno un migliaio di chilometri più a sud del porto più meridionale dell'impero.

Ma «i mercanti che seguivano la costa africana e navigavano grazie ai venti monsonici erano anche gli agenti commerciali di una merce invisibile. Dove vanno beni e dèi, vanno anche i germi», scrive in modo assai evocativo Harper[8]. E questa rete intessuta dai mercanti li fece venire in contatto con bacini di agenti patogeni del tutto sconosciuti all'habitat naturale dell'area mediterranea e dello scacchiere eurasiatico, nel quale si muovevano abitualmente uomini e merci dei romani e dei popoli a loro soggetti e che aveva già le sue malattie tipiche. L'Africa centrale, in particolare, ospitava, «la più ricca biodiversità di vertebrati e microbi», costituendo «una zona pericolosamente produttiva di esperimenti evolutivi, la culla di un numero sproporzionato di agenti pato-

[8] Ivi, p. 124.

geni in grado di causare grave danno agli esseri umani». D'altra parte, ne erano consapevoli già i greci ai tempi di Tucidide, se lo storico ateniese non esitava a indicare l'Etiopia come la zona d'origine del morbo dal quale a stento sopravvisse.

Partendo da questo presupposto, non possiamo considerare Seleucia come il focolaio della peste antonina. Di sicuro la capitale partica era uno dei perni e dei nodi di svincolo del commercio tra Oriente e Occidente, ma la presenza dell'esercito contribuì a diffondere una malattia che probabilmente già circolava in forma più blanda: nello stesso periodo a Hierapolis in Frigia fu eretta una statua ad Apollo Alexikakos, ovvero "che tiene lontano il male". Quindi non è da escludere che il morbo fosse già presente da un anno in Asia Minore, dove le truppe romane non erano ancora tornate, e a supporto di questa ipotesi disponiamo anche della testimonianza di Elio Aristide, il celebre oratore. Parlando di quando cadde malato a Smirne, egli scrisse infatti: «Se uno cercava di allontanarsi a piedi, subito cadeva stecchito davanti alla porta di casa [...]. Dovunque disperazione, gemiti, lamenti, difficoltà di ogni tipo»[9]. Inoltre, parlò di un «tremendo bruciore di una miscela biliare» e di una «lesione persistente», alla gola. Pensava addirittura che un ragazzo fosse morto al posto suo nel momento esatto in cui la sua febbre si era abbassata, come se la malattia si fosse trasferita nel corpo di un altro.

[9] Elio Aristide, *Secondo discorso sacro*, a cura di S. Nicosia, Milano 1984, 38.

L'ipotesi accreditata da Harper è che la pestilenza sia partita dal mar Rosso dove, secondo la biografia di Antonino Pio, durante il suo regno sarebbe scoppiata una pestilenza in Arabia; più precisamente nello Yemen, dove è stata scoperta un'iscrizione che parla proprio di una malattia scoppiata nel 156 d.C., che avrebbe distrutto un'intera città e che si era diffusa per «la terra intera».

Non è detto che si tratti dello stesso morbo ma, se così fosse, possiamo ipotizzare che per l'epoca delle guerre partiche di Lucio Vero esso fosse passato in Asia e che nel 165-166 l'esercito di Cassio sia stato il veicolo per portarlo in Europa. Che avesse raggiunto Roma subito dopo lo sappiamo da Galeno, l'uomo che avremmo voluto indiscusso testimone e protagonista della peste antonina e che, invece, ce ne riferisce solo saltuariamente, nella vasta mole di opere di cui fu autore e che sono fortunatamente sopravvissute.

L'uomo giusto al momento giusto

A questo punto, è doveroso introdurre nella nostra narrazione Galeno, medico greco di Pergamo, dove era addetto alla cura dei gladiatori, che Marco Aurelio volle come medico personale per il proprio figlio Commodo. Sappiamo che Galeno si trovava a Roma nel 166, quando la malattia raggiunse la città. Lui stesso ammette apertamente di essere fuggito proprio per l'arrivo della grande pestilenza, forse per raggiungere la sua terra d'origine e prestare lì la sua opera. Tre anni dopo venne richiamato da Marco Aurelio ad Aquileia, dove la preparazione dell'offensiva contro gli invasori barbarici era stata ritardata proprio dall'arrivo della pestilenza che, secondo un'altra fonte posteriore, il *Chronicon* di san Gerolamo, fu la maggior causa di decessi nell'esercito ancora nel 172.

Su Galeno torneremo presto. Per individuare l'estendersi del morbo, a parte la sua testimonianza, dobbiamo rifarci a documenti casuali, epigrafi e leggi, che ci permettono di capire come l'epidemia colpì Gallia e Germania come l'Egitto e l'Asia Minore. Atene stessa dovette rivivere i giorni della peste di Pericle, perché l'imperatore fu costretto ad abbassare i requisiti per permettere l'ingresso al sacro Aeropago anche a uomini appena liberati nella condizione di schiavitù, e per ben tre anni tra il 167 e il 171 non si riuscì a eleggere un capo della magistratura. In seguito, un oratore ateniese dichiarò, alla presenza di Marco Aurelio: «Beati coloro che sono morti nella piaga!».

Come abbiamo visto, circolava voce che la pestilenza fosse una punizione di Apollo per l'offesa che gli era stata recata. Pertanto, i maggiori sforzi dei romani furono indirizzati, in un primo momento, a placarne l'ira: in fin dei conti, anche in Omero Apollo era il dio che scoccava le frecce per diffondere la peste. Almeno undici iscrizioni al dio, volte a scongiurare la malattia, sono state rinvenute nei territori imperiali; un amuleto portato alla luce a Londra evidenzia come la divinità proibisse di baciarsi, per evitare la diffusione del contagio.

Ma non solo. Disponiamo anche di sette versioni delle deliberazioni di Apollo in risposta alle interpellanze di delegazioni venute presso i suoi santuari, sparsi in tutto il mondo romano, per trovare un modo di combattere il morbo, come questa citata da Harper:

> Ahi! Ahi! La Sventura assale i mortali. Guai! Guai! Un potente disastro si avventa sulla pianura, una pestilenza cui è difficile sfuggire, in una mano brandendo una spada di vendetta, e nell'altra sollevando le immagini dolenti dei mortali appena colpiti. In tutti i modi affligge la giovane terra consacrata alla Morte, e ogni generazione perisce, e a capofitto tormentando gli uomini, la peste li distrugge[10].

I rimedi suggeriti dal dio, alla fine, erano le consuete libagioni e i sacrifici cui si dedicano gli umani di ogni epoca in presenza di qualche piaga che non comprendono e quando sono afflitti da terrore religioso. Talvolta consigliava anche di porre una statua con le sue sembianze davanti alla porta di una casa, nell'atto di scoccare i dardi che frenassero la peste. In altri casi, tuttavia, i rimedi erano gli stessi che aveva suggerito Ippocrate sei secoli prima, ovvero la purificazione delle abitazioni mediante fumigazioni. Per non parlare delle cure mediche, che attraverso lo stesso Galeno apprendiamo con costernazione andare dal latte bovino di montagna alla polvere d'Armenia, fino all'urina di ragazzi.

[10] Ivi, p. 129.

Ma ovviamente ben poco potevano questi espedienti contro un morbo dagli effetti devastanti come quello che è il maggiore indiziato tra gli studiosi, ovvero il vaiolo. Perlomeno, questa è l'indicazione che si può evincere dalle annotazioni che fornisce proprio Galeno, il quale, ovvio, è pesantemente influenzato dalle limitate cognizioni mediche dell'epoca e dalla teoria ippocratica dei quattro umori (quando veniva a mancare l'equilibrio tra di essi, il corpo di ammalava). In breve, quella vissuta ai tempi di Marco Aurelio era per lui semplicemente la più grande delle malattie conosciute, non già una malattia sconosciuta di cui bisognava individuare i sintomi e il relativo agente patogeno.

Per il medico di Pergamo, che parla della peste antonina nel libro v del suo *De methodo medendi* (metodo terapeutico) la causa del morbo era l'eccesso di bile nera, ovvero la "malinconia"; le manifestazioni erano febbre, eruzioni pustolose nere, irritazione congiuntivale, profonde ulcerazioni della trachea e feci nere e sanguinolente. In base alla sua esperienza, Galeno trasse la convinzione che le ferite, in particolare le ulcere interne, dovessero asciugarsi, per guarire: così, si era ingegnato escogitando un metodo col quale faceva sdraiare il paziente e, tenendogli in bocca una sostanza essiccante, gli faceva tossire o vomitare le croste. Pare che in questo modo l'uomo, coperto di piaghe dal nono giorno di malattia, recuperasse la salute, ma che non potesse alzarsi dal letto prima del dodicesimo. Coloro che avevano una costituzione secca, notava il medico, avevano più possibilità di salvarsi. E, in ogni caso, chi se la cavava aveva delle pustole nerastre ravvicinate.

Nel suo *De atra bile libellus*, il trattato sulla bile nera, Galeno afferma:

> Non vi era bisogno di medicamenti per essiccare tali pustole estrusive, poiché si comportavano spontaneamente nel modo seguente: in alcuni, in cui erano presenti anche delle ulcerazioni, la parte superficiale cadeva, formando delle croste, e da quel momento in poi le piaghe che ancora restavano erano ormai prossime alla guarigione e dopo uno o due giorni si cicatrizzavano; in altri, in cui non c'erano ulcere, l'esantema appariva ruvido e pruriginoso e si staccava poi come qualcosa di squamoso, dopodiché tutti i pazienti guarivano[11].

Ovviamente le cicatrici rimanevano, ma il malato era guarito.

Parrebbe proprio il decorso del vaiolo. Il contagio avveniva per trasmissione diretta, tramite goccioline espulse da una persona contagiosa mediante tosse, starnuti e saliva, e sospese nell'aria. Si trattava di un virus molto violento e rapido, che iniziava a farsi strada nel corpo del contagiato dalla mucosa, passando poi ai linfonodi e alla milza, con una fase di incubazione che variava da sette a diciannove giorni, durante i quali il malato era sostanzialmente asintomatico, potendo spostarsi e portare la malattia ovunque. Nel complesso, il paziente era fortemente contagioso per almeno un paio di settimane, ma pur trasmissibile per via ae-

[11] Galeno, *Trattato sulla bile nera*, a cura di F. Voltaggio, Torino 2003.

rea, il virus non si estendeva oltre il metro e mezzo dal suo ospite.

La fase sintomatica iniziava all'improvviso, con febbre, diarrea, vomito e dolori articolari, in particolare alla schiena. E questa fase era comune a molte altre malattie, come morbillo e varicella. Dopo qualche giorno, la febbre si abbassava e solo allora comparivano le pustole, dapprima in forma di vesciche, mentre nelle cavità si formavano dolorose ulcere. L'eruzione cutanea si concentrava in particolare sul viso e sulle estremità, e dopo due settimane le pustole iniziavano a seccarsi, impiegando cinque giorni per formare le croste. Il malato era contagioso fino a quando queste ultime non cadevano, per un decorso totale che, di solito, durava poco più di un mese.

Talvolta si verificavano però fenomeni emorragici già al secondo giorno di febbre, oppure nella fase delle lesioni vescicolari, quando la pelle si arrossava come se il sangue la attraversasse; in entrambi i casi difficilmente il paziente sopravviveva. La morte, comunque, arrivava in media intorno al decimo giorno, che equivaleva alla fase più critica della malattia.

Che non si trattasse di morbillo lo si evince dal fatto che tale morbo non lascia cicatrici; né doveva essere la varicella, perché in tal caso le eruzioni cutanee sarebbero apparse insieme alla febbre e sarebbero andate via presto. Purtroppo Galeno non specifica dove si presentassero le pustole, il che non ci permette di asserire senza ombra di dubbio che si trattasse di vaiolo. Per ciò che si evince dalle analisi genomiche, comunque, il vaiolo era una malattia relativamente recente, risalente a non più di quattro millenni fa, di cui si ha notizia nei documenti successivi nella Cina del IV secolo, a Edessa nel V e nei resoconti di un medico egiziano del VI secolo, tale Aaron; nel Medioevo, se ne parla nei testi indiani di medicina, e nel X secolo un medico persiano spiegava in dettaglio le differenze col morbillo.

Le conclusioni raggiunte attualmente dagli studiosi individuano il luogo di origine del vaiolo in Africa, poco prima della peste antonina, da un agente patogeno, l'*orthopoxvirus*, ospitato dai roditori, che poi lo avrebbero trasmesso agli esseri umani come *Variola maior*. Con l'andar del tempo, quest'ultimo avrebbe perso la sua forma più aggressiva, tornando letale solo con le popolazioni con cui sarebbe giunto a contatto in epoca successiva, ovvero gli amerindi del XVI secolo, sterminati dalla prossimità con i conquistatori spagnoli; in quella circostanza, ebbe un'incidenza perfino superiore a quella della peste antonina, soprattutto grazie alle condizioni calde e umide del Nuovo Mondo, che favorivano il proliferare degli agenti patogeni.

I numeri

A quanto emerge dalle testimonianze, la pandemia nell'impero romano sotto Marco Aurelio si spostò da sud-est a nord-ovest e, sebbene gli antichi ritenessero che la trasmissione fosse dovuta ai miasmi e, quindi, che fosse legata allo spirare dei venti, furono proprio i comportamenti umani a diffonderla. Sotto questo aspetto è evidente che i trasferimenti in massa delle armate imperiali giocarono un ruolo fondamentale: i soldati di ritorno a casa o nelle proprie fortezze trasmisero il virus ai commilitoni, ai mercanti che gravitavano intorno agli accampamenti, alle famiglie e nelle città.

Naturalmente, non è possibile dare una stima credibile dei decessi, ma solo basarci sulle proiezioni offerte dalle singole testimonianze su limitate comunità. Niente che possa mettere d'accordo tutti gli studiosi, che offrono una serie di ipotesi che varia dal due percento della popolazione a un terzo, ovvero, stimando la densità abitativa dell'impero che ospitava settantacinque milioni di individui, da un milione e mezzo a venticinque milioni di morti.

Peraltro, il morbo dovette incidere in maniera profondamente diversa a seconda delle zone in cui si trasferiva: nelle regioni costiere densamente popolate e dal clima temperato del bacino mediterraneo deve aver prodotto un alto numero di decessi, mentre le foreste lungo Reno e Danubio devono averlo almeno parzialmente arrestato; il che significava anche, in termini bellici e militari, che può aver indebolito Roma senza aver inciso più di tanto sui popoli che premevano lungo le frontiere, sbilanciando i rapporti di forza e favorendo quindi i nemici dell'impero: proprio dalla debolezza di Roma, infatti, germani e sarmati trassero stimolo per rinnovare più volte i loro assalti anche dopo la stipula di trattati di pace e tregue, e dopo sconfitte apparentemente decisive.

Galeno non ci dice di essere stato infettato, nonostante sia stato in contatto coi malati, eppure uno studio attesta che il vaiolo era in grado di contagiare il settanta percento dei componenti del nucleo familiare di un infetto. Lo stesso Marco Aurelio si tenne a distanza dal figlio Commodo, quando questi si ammalò. D'altra parte il vaiolo era particolarmente incisivo su bambini e anziani e la sua letalità dipendeva anche dalle condizioni dell'ambiente in cui operava. Sicuramente le autorità si preoccuparono di adottare espedienti per arginare la diffusione del morbo, e in tal senso possiamo interpretare la disposizione di Marco Aurelio che prevedeva, almeno per Roma, la sepoltura dei poveri a spese dello Stato.

> Vi fu peraltro una pestilenza di tale virulenza, che per portar via i cadaveri si doveva ricorrere a carrozze e carri. In quell'occasione gli Antonini emanarono leggi severissime sulla sepoltura dei cadaveri e sulla costruzione dei sepolcri, sancendo tra l'altro il divieto che a chicchessia fosse consentito di costruire tombe nel luogo che volesse; divieto che è in vigore tutt'oggi. La pestilenza fece molte migliaia di vittime, molte anche tra i personaggi di alto rango, ai più illustri dei quali Antonino fece erigere statue. E tale fu la sua clemenza che volle che i funerali della gente del popolo si facessero a spese dello Stato.[12]

Tuttavia, l'organizzazione urbana costituiva anche una rete di sedi che consentivano al virus di stazionare, magari relegato in un cantuccio, e poi ripresentarsi a in-

[12] *Historia Augusta*, cit., *Marco Aurelio*, 13, 3-6.

tervalli quasi regolari, magari non in forma pandemica, in presenza di un'estate più calda del solito o di inopinati contatti con ospiti di solito emarginati: rende l'idea la definizione «bombe a orologeria» che Harper assegna alle città dell'epoca. Sappiamo per esempio che, prima della morte di Marco Aurelio, la pestilenza si ripresentò in Egitto nel 178-179 (per essa vengono riportati, nel primo bimestre del 179, settantotto morti su una popolazione maschile adulta, la meno vulnerabile, di duecentoquarantaquattro uomini, ovvero con una percentuale del trentadue percento) , e poi nel Norico durante i primi anni del regno di Commodo, mentre pochi anni dopo raggiunse proprio Roma: «Ci fu poi una pestilenza, la più grande di cui io sia a conoscenza: in un sol giorno a Roma morirono una dopo l'altra duemila persone»[13].

Molti sono gli indicatori che attestano l'incidenza della mortalità almeno tra le truppe, soprattutto nell'anno 172, in piena guerra marcomannica. Innanzitutto, i provvedimenti di Marco Aurelio, costretto a fronteggiare la pressione dei barbari e lo sgretolamento dei ranghi delle legioni a causa della pestilenza.

> Dato il persistere della pestilenza, [l'imperatore] si diede molta cura di restituire vigore alle pratiche del culto divino, e – come già si era fatto al tempo della guerra punica – reclutò per il servizio militare gli schiavi, che chiamò Volontari, sull'esempio dei Voloni. Mise in armi anche i gladiatori, che chiamò Ossequenti. Fece diventare soldati anche i briganti della Dalmazia e della Dardania. Mise in armi pure i Diogmiti. Assoldò inoltre truppe ausiliarie composte da germani da impiegare contro i germani. Addestrò poi

[13] Cassio Dione, *op. cit.*, Milano 2009, LXXII, 14,3.

con molta cura le legioni per la guerra germanica e marcomannica. E, per non procurare un aggravio fiscale ai provinciali, bandì – come dicemmo – una vendita all'asta degli oggetti di pregio del patrimonio di corte nel foro del divino Traiano, nel corso della quale, oltre a vesti, e coppe e vasi d'oro, vendette insieme statue e dipinti di insigni artisti.[14].

Questo passo della *Historia Augusta* merita un approfondimento, perché rappresenta più di ogni altra fonte la stretta interazione tra le due piaghe che vessarono il regno dell'imperatore-filosofo e le conseguenze, sociali, economiche e politiche tale interazione produsse.

Siamo in presenza di una sorta di rivoluzione sociale, durante la quale venne offerta ai reietti della società la possibilità di un'ascesa perfino superiore a quella che aveva promosso Gaio Mario, tre secoli prima, inaugurando l'arruolamento nell'esercito dei nullatenenti. Il riferimento ai Voloni richiama gli schiavi arruolati dopo la sconfitta di Canne nelle guerre puniche, mentre quello ai Diogmiti rappresenta l'arruolamento nei corpi di fanteria pesante di quella sorta di polizia paramilitare confinaria fino ad allora armata alla leggera.

L'accenno all'arruolamento di barbari come mercenari, inoltre, già perseguito in forma occasionale in precedenza, prefigura quella che sarebbe diventata la prassi nei secoli successivi: in particolare nel IV, quando la scarsità di manodopera militare l'avrebbe reso il principale metodo di reclutamento dell'impero.

La vendita di beni di corte all'asta ci mostra peraltro

[14] *Historia Augusta*, cit., *Marco Aurelio*, 21, 6-9.

come l'imperatore fosse ben conscio di non dover infierire sulle province, nel timore che il dissesto provocato dalla pandemia potesse provocare rivolte locali e conseguenti guerre civili, come in effetti avvenne con Avidio Cassio in Siria. Le lotte intestine, che sarebbero diventate la norma e il più abusato metodo di successione imperiale nel secolo successivo, avrebbero minato la coesione dell'impero, più che mai necessaria in quel momento in cui, per la prima volta, gran parte delle frontiere minacciavano di crollare sotto la pressione di interi popoli.

Va aggiunto, inoltre, che la pestilenza aveva provocato anche l'interruzione dell'estrazione di argento dalle miniere, causando una crisi monetaria a breve termine, in un sistema già messo a dura prova dalle ingenti spese di guerra (prima per quella partica, a carattere offensivo, e poi per quella marcomannica, più difensiva). In poco tempo la moneta aveva perso la metà del suo potere d'acquisto e i valori nominali erano raddoppiati. Come ulteriore conseguenza, i prezzi dei terreni crollarono, a seguito della contrazione della domanda.

Apprendiamo inoltre da un'iscrizione che nel 170 una città greca normalmente esentata dal reclutamento dovette mandare oltre ottanta uomini alle legioni; mentre il numero di veterani congedati nel 195, dopo il consueto quarto di secolo di servizio, era insolitamente alto, a riprova che nel 169-170 l'esercito ebbe una forte immissione di reclute.

In linea di massima, dall'analisi di questi dati possiamo asserire che il tasso di mortalità incise nell'esercito per il quindici-venti percento, secondo quanto sostiene Harper; a Roma furono contagiate dalla pestilenza forse trecentomila persone, di cui la metà morirono. Se assegniamo all'epidemia un tasso di mortalità prudente, diciamo del dieci percento, possiamo ipotizzare la morte di circa otto milioni di persone, che rappresenta una cifra davvero impressionante, in un'epoca in cui l'entità della popolazione mondiale non era neanche lontanamente paragonabile alla nostra. In ogni caso, fu qualcosa di largamente più letale di qualsiasi altro evento epidemico precedente.

L'incidenza sull'evoluzione della civiltà, romana, tuttavia, fu relativo, e comunque, meno pesante sul lungo termine di ciò che la peste aveva rappresentato per Atene. La popolazione si ridusse, tornando ai numeri dei tempi di Augusto: ma le risorse per ripartire erano pressoché intatte e, a parte i danni sul fisco e soprattutto sul sistema agricolo (che provocarono una serie di carestie), Roma si trovava in una condizione ben più vantaggiosa di quella degli amerindi tredici secoli dopo. Il che non significa, ovviamente, che non abbia provocato rilevanti dissesti e instabilità sociale. Abbiamo notizia di una serie di iniziative degli abitanti delle città, che invasero le campagne impossessandosi di quantitativi ingenti di frumento, lasciando i contadini a scavare tra i rifiuti e a cibarsi di foglie ed erba per poter sopravvivere.

Tuttavia, l'epidemia introdusse una tendenza evidente

sul lungo termine. «Un costante processo di diminuzione della popolazione nei paesi mediterranei che durò, nonostante qualche miglioramento locale, per più di mezzo millennio», afferma William McNeill[15]. Lo stesso autore ricorda come le pestilenze a metà del secolo successivo si possano configurare come pari in entità a quella antonina, ripetendosi con inquietante frequenza e spopolando alcuni territori, dove l'impero insediò i barbari con cui stipulava accordi per provvedere alle difese delle frontiere, a seguito della carenza sempre più pronunciata di reclute.

In pratica, la peste antonina rese la popolazione vulnerabile alle successive epidemie, introducendo nuovi agenti patogeni cui la civiltà romana non era preparata e logorandola al pari delle invasioni. Anche le guerre civili, in un certo senso, possono essere considerate il frutto di questo logoramento: meno sudditi, meno tasse, meno possibilità di pagare i soldati, con la conseguente impossibilità di tenere a freno le ribellioni provinciali, fattesi sempre più frequenti: un problema che Marco Aurelio aveva evitato per il rotto della cuffia. In un sistema minato dalle pestilenze, ovvero dai microparassiti, si sovrapposero quindi – secondo un'evocativa immagine di Harper – "macroparassiti", ovvero gli eserciti, la burocrazia imperiale, migrazioni, carestie, disordini, gruppi di sbandati, creando un circolo vizioso che è il vero specchio, oltre che la causa, della decadenza, o co-

[15] William McNeill, *La peste nella storia*, Torino 1981, p. 105.

munque di un processo di degenerazione che condusse alla decadenza dell'impero romano.

Dal punto di vista più strettamente politico, la crisi produsse un ulteriore ravvicinamento tra il centro e la periferia, tra l'entourage imperiale e l'aristocrazia provinciale, la cui ascesa ai vertici dello Stato fu facilitata dalle circostanze, producendo una serie di imperatori provenienti dagli angoli opposti dell'impero nel secolo successivo, fino al decentramento definitivo del IV secolo.

Pesanti strascichi dovette lasciare la pandemia anche dal punto di vista morale e psicologico. Come per la peste di Atene, è indubbio che l'imperversare del morbo abbia accelerato quel processo di disamore verso le divinità tradizionali, che sarebbe esploso nel secolo immediatamente successivo portando all'affermazione dei culti orientali, in particolare del mitraismo, e alla definitiva diffusione del Cristianesimo. Il fatalismo che l'idea della precarietà dell'esistenza aveva impresso nell'animo dei cittadini imperiali è ben rappresentato dalle riflessioni dello stesso Marco Aurelio, che nei suoi *Ricordi* scriveva: «Passa in rassegna anche quelli che conosci: questo ha seppellito quello, poi, disteso a sua volta sul suo letto di morte, è stato accompagnato da quell'altro, e così via, tutto in così breve tempo. Effimere e senza valore sono le cose umane: ieri un moccioso, domani mummia o cenere»[16].

[16] Marco Aurelio, *L'arte di conoscere sé stessi. Pensieri*, a cura di M. Scaffidi Abate, Roma 2011, IV, 48.

Quanto alle conseguenze sul breve periodo, in particolar modo sulla situazione militare, non v'è dubbio che la pandemia fece scricchiolare a lungo la tenuta dell'impero di fronte alla sua prima grande sfida difensiva, per la contemporanea pressione di più popoli e la necessità di dover fronteggiare attacchi da più fronti.

Ne seguì una pestilenza, che si diffuse in numerose province e devastò con così vasto contagio tutta l'Italia, che per ogni dove ville, campi e città abbandonate, senza coltivatori né abitanti, si ridussero a rovine e boscaglia. Si narra poi che l'esercito romano e tutte le legioni sparse nei lontani quartieri invernali fossero a tal punto assottigliate, che la guerra contro i marcomanni, scoppiata nel frattempo, non poté essere condotta senza un nuovo reclutamento di soldati, che impegnò per un triennio senza soste Marco Antonino a Carnunto.[17]

Le guerre marcomanniche

Alla guerra partica erano state destinate tre legioni, mentre Marco Aurelio ne aveva preparate due per affrontare i minacciosi movimenti dei barbari a settentrione. Ma l'arrivo della peste da Oriente modificò tutti i programmi o, perlomeno, li ritardò di almeno un anno, trasformando la prevista controffensiva di ampio respiro in una serie di azioni mirate che somigliano tanto ai tentativi di turare i buchi che si aprono via via nello scafo di un'imbarcazione. Le vicende belliche in Occi-

[17] Orosio, *Storie contro i pagani*, a cura di A. Lippold - G. Chiarini, Milano 2001, VII, 15, 5-6.

dente, che occuparono l'imperatore fino alla sua morte, vanno lette alla luce di quanto esaminato nei paragrafi precedenti.

Dopo numerose schermaglie, nel 169 marcomanni e victuali chiesero esplicitamente di insediarsi nei territori imperiali. Marco Aurelio rifiutò loro l'ingresso ma nell'arco di un anno la situazione precipitò: i popoli barbari fecero fronte comune premendo sulle frontiere da più direttrici. Una nuova escursione imperiale al di là del Danubio si tradusse in una sconfitta, che permise a quadi e marcomanni di varcare il fiume e addirittura le Alpi, arrivando a distruggere Opitergium, l'attuale Oderzo, e ad assediare Aquileia. E non era tutto: il governatore della Mesia e della Dacia Claudio Frontone e il prefetto del pretorio Macrinio Vindice caddero sul campo subendo pesanti disfatte sul Danubio, mentre bastarni e costoboci irrompevano nei Balcani penetrando in Grecia e saccheggiando il Tempio di Eleusi.

Il panico si diffuse nell'impero. Nel 169 Lucio Vero fu vittima di un attacco apoplettico e Marco rimase da solo alla guida dello Stato. Nel 171 l'imperatore dovette ricorrere alla diplomazia per rompere il fronte che si era creato tra i barbari, blandendo i quadi cui concesse la pace in cambio di contingenti militari e dell'insediamento entro i confini imperiali: ma una loro rivolta a Ravenna gli fece presto cambiare idea e da allora nessun barbaro fu più insediato in Italia.

I quadi tornarono ad aggredire l'impero negli anni seguenti, stavolta a fianco degli iazigi, popolo di etnia sarmatica stanziato nell'odierna Ungheria, nelle pianure del Tibisco. La potenza e la rapidità che caratterizzavano la loro cavalleria consentirono ai due popoli di penetrare più volte all'interno dei territori romani, anche nel periodo invernale.

Sconfitti in una grande battaglia sul Danubio gelato – di cui abbiamo insolitamente una descrizione abbastanza dettagliata –, gli iazigi chiesero la pace, che arrivò nel 175, quando Marco Aurelio fu costretto a stipularla in fretta e furia per andare a fronteggiare la ribellione di Avidio Cassio in Siria. L'imperatore, che poco prima aveva concesso a quadi e marcomanni di insediarsi «a 38 stadi di distanza dall'Istro», ovvero a solo sette chilometri dal Danubio, li fece stabilire a una distanza doppia dal confine. La misura della loro pericolosità, che non era venuta meno con le sconfitte, è data dall'altissimo numero di prigionieri che restituirono ai romani: si parla di sessantatremila uomini rilasciati dai quadi, di centomila dagli iazigi, oltre a ottomila cavalieri che questi ultimi fornirono all'imperatore e che furono destinati di guarnigione in Britannia.

Ciononostante, l'anno dopo gli iazigi erano di nuovo sul piede di guerra; ma una nuova vittoria romana consentì a Marco Aurelio di fregiarsi del titolo di *imperator* per la decima volta. E un altro conflitto che sembrava non avere mai fine era quello con quadi e marcomanni, che lamentavano di non poter coltivare i campi e pascolare le greggi senza subire molestie ed esazioni; le legioni stanziate in Pannonia Superiore, in Norico e Rezia, erano infatti solite inviare distaccamenti e costruire avamposti oltreconfine per esercitare un controllo sui popoli appena soggiogati.

I quadi pensarono di migrare a nord presso i semnoni stanziati sull'Elba, nell'Alta Sassonia, ma ciò non era possibile senza il consenso di Roma, che necessitava di una cintura difensiva a protezione avanzata delle proprie frontiere. L'imperatore si trasferì di nuovo a Carnuntum e sulle rive del Gran dall'estate del 178, meditando, si dice, l'istituzione di due nuove province, la Sarmatia e la Marcomannia. La guerra si estese presto anche agli ermonduri ma del suo svolgimento sappiamo ben poco. I generali di Marco Aurelio, i fratelli Quintili, il futuro imperatore Pertinace, Tarrutenio Paterno, si spinsero ripetutamente in profondità in territorio barbarico, cogliendo sterili vittorie su un nemico capace di limitare i danni ripiegando all'interno di foreste impenetrabili e precluse alle legioni.

Ma l'imperatore venne a morte il 17 marzo 180 a Vindobona, l'odierna Vienna, e il figlio Commodo si affrettò a disconoscere la sua politica aggressiva, rinnovando la pace con quadi e marcomanni. Ottenne così un gran numero di reclute e la restituzione di prigionieri e disertori, ma al prezzo della rinuncia del tributo annuale e dell'abbandono dei numerosi avamposti oltre il Danubio. Ed era solo l'inizio di una contrazione dei territori imperiali che si sarebbe fatta sempre più pronunciata, già a partire dal secolo successivo: se appare eccessiva l'affermazione dello storico Ernest Renan, secondo cui la data della morte di Marco Aurelio fu un giorno di lutto non per un uomo ma per un'intera civiltà, non possiamo disconoscere che il picco era stato raggiunto e la curva discendente, seppur molto lentamente e con qualche sussulto, era iniziata...

III

La peste di Giustiniano e la fine dell'impero tardoantico (542 d.C.)

Un mondo in guerra

Il tredicesimo anno di regno dell'augusto Giustiniano, anno 6048 dalla fondazione del mondo[1] e 540 dalla nascita di Cristo, fu al tempo stesso glorioso e terribile per l'impero. La campagna del *magister militum per Orientem* Belisario[2], inviato con un piccolo

[1] Nell'impero romano d'Oriente non venne mai utilizzata la datazione secondo la nostra era cristiana. In base al calcolo delle generazioni elencate nell'Antico Testamento, il giorno della Creazione era stato fissato al 1° settembre di un anno corrispondente al 5509 a.C. Il 540 della nostra èra, dunque, corrisponde al periodo compreso tra il primo gennaio e il 31 agosto dell'anno 6048, e tra il primo settembre e il 31 dicembre del 6049 dalla fondazione del mondo.

[2] Flavio Belisario era nato attorno al 505 in Tracia settentrionale, e aveva fatto carriera come ufficiale della guardia imperiale sotto Giustino I (518-527), distinguendosi per lealtà e intraprendenza agli ordini dell'allora *magister militum* Giustiniano. Nel 526 era stato nominato *dux* (comandante militare) delle truppe stanziate nella provincia di Mesopotamia; quattro anni più tardi, all'inizio del terzo anno di regno di Giustiniano, dopo essere stato promosso al rango di *magister militum per Orientem* (dunque responsabile delle operazioni sul fronte romano-sassanide), aveva sconfitto un esercito nemico di fronte alla piazzaforte di Dara (530), ma l'anno successivo era stato battuto a sua volta dai persiani a Callinico. Giustiniano lo aveva richiamato a Costantinopoli, senza però privarlo del suo grado. Belisario aveva guidato le truppe coinvolte nella repressione della rivolta popolare detta di *Nika*, salvando il trono e la vita del sovrano e della sua consorte Teodora, che lo avevano ricompensato – nella tarda primavera del 533 – affidandogli il comando della spedizione destinata a riconquistare la provincia d'Africa. L'invasione si era risolta rapidamente con pieno successo: dopo aver celebrato il trionfo sui vandali ed essere stato nominato console (primo gennaio del 535), Belisario era stato nuovamente inviato in Occidente a capo di una piccola armata (meno di ottomila uomini) con il compito

esercito in Italia nel 535 per approfittare della momentanea debolezza del regno dei goti, si era conclusa con successo: nel mese di marzo, mentre la nuova stagione riempiva di fiori i giardini della Regina delle Città – la Nuova Roma voluta da Costantino il Grande, la splendida capitale della *res publica Christianorum* – Belisario sbarcò nel porto ai piedi del palazzo conducendo per mano Vitige, il re sconfitto che si era affidato alla clemenza romana, e la sua sposa Matasunta, l'ultima erede di Teoderico il Grande. Nella stiva della nave con cui aveva effettuato la traversata era custodito il ricchissimo tesoro della corte di Ravenna, che Belisario stava per consegnare all'imperatore. Come narra Procopio di Cesarea[3], che negli ultimi dieci anni gli aveva fatto da *assessor*, ovvero da segretario personale ed esperto di questioni legali,

di cacciare le guarnigioni ostrogote dalla Sicilia e valutare la possibilità di una successiva campagna in Italia. Anche in questo caso Belisario era riuscito a portare a termine l'incarico in modo brillante, conquistando Palermo il 31 dicembre 535, e la facilità con cui aveva occupato l'intera isola, unita alla debolezza politica e militare del re goto Teodato, lo avevano poi convinto – e avevano convinto il governo di Costantinopoli – a sbarcare nel Bruzio e avanzare verso Napoli e Roma: cfr. Procopio, *Le guerre*, v, 5-8; cfr. A. Cameron, *Procopius and the Sixth Century*, Berkeley 1985, pp. 51-55.

[3] Procopio, nato a Cesarea di Palestina poco dopo il 500, aveva studiato retorica e diritto a Gaza, presso una delle migliori scuole dell'epoca; si era poi recato a Costantinopoli per intraprendere la carriera di avvocato. Nella capitale la sua intelligenza e la sua abilità retorica avevano favorevolmente colpito il generale Belisario, pochi anni più anziano di lui, che aveva deciso di assumerlo al proprio servizio come *assessor*. Tra le sue mansioni c'era quella di redigere i discorsi del comandante e i suoi dispacci ufficiali; vivendo a stretto contatto con Belisario, Procopio ebbe dunque l'occasione di osservare da vicino alcuni dei più importanti avvenimenti militari che avrebbe poi descritto nella grande monografia dedicata alle *Guerre* dell'imperatore Giustiniano, in otto libri, scritta (ma non portata a termine) tra il 540 e il 553.

Belisario (particolare dal mosaico di San Vitale a Ravenna).

il nome di Belisario era sulle labbra di tutti: si era segnalato con due vittorie quali mai prima a nessun uomo era successo di conseguire; aveva condotto a Bisanzio in catene due re; aveva procurato ai Romani lo straordinario bottino costituito dai famigliari e dal patrimonio personale di Gizerico e di Teoderico, due sovrani di cui non era mai esistito altro più illustre nel mondo dei barbari; aveva ridato al paese la sua proprietà, strappandola ai nemici, e riconquistato in poco tempo circa la metà dei possedimenti dell'impero, per terra e per mare.[4]

[4] Procopio, *Le guerre*, VII, 1, 3-4 (traduzione di Marcello Craveri, Torino 1977, utilizzata anche in seguito).

Belisario era rimasto leale a Giustiniano, nonostante i goti sconfitti gli avessero offerto la corona d'Italia. Questo particolare non venne reso di pubblico dominio, naturalmente; e Giustiniano nascose anche il minimo fastidio nei confronti della travolgente popolarità del suo miglior comandante accogliendo benevolmente il vincitore, i suoi regali prigionieri e il frutto tangibile del trionfo italiano:

> Il *basileus* fu molto lieto di conoscere Vitige e sua moglie, e si meravigliò di quale fosse la bellezza fisica e l'eccezionale corporatura di quella gente barbara. Ricevuto poi il tesoro di Teoderico, che era veramente stupendo, l'imperatore lo fece collocare nel palazzo, ma soltanto in visione riservata ai membri del Senato.[5]

La Nuova Roma aveva riconquistato la culla dell'impero e riportato il Mediterraneo sotto il proprio dominio. Secondo i desideri del sovrano, sempre preoccupato del costo delle imprese militari, per una volta «la guerra aveva nutrito sé stessa» o quasi, perché il bottino che Belisario aveva versato nei forzieri imperiali sia dopo la conclusione della campagna d'Africa sia al ritorno dall'Italia era davvero impressionante.

Ma la pace non diffondeva ancora la sua dolcezza e i suoi doni sulla *res publica* cristiana, come avrebbe auspicato Giustiniano[6]. La guerra era ripresa a Oriente

[5] Ivi, VII, 1, 2.

[6] L'impero romano d'Oriente, già prima di Giustiniano e poi per tutta la sua lunga storia, fu portatore di un'ideologia politica basata sulla marginalizzazione della guerra, concepita come *ultima ratio regum* – «estrema risorsa a disposizione dei sovrani» – alla quale andava preferito qualsiasi altro mezzo, soprattutto indiretto,

e l'impero della Nuova Roma era in pericolo. Il nodo cruciale della grande strategia bizantina[7] era riuscire a tenere sotto controllo contemporaneamente tre diverse frontiere: quella con l'impero persiano-sassanide, tra la Mesopotamia e il Caucaso, era la più importante perché proteggeva l'Asia Minore e la Siria (e in prospettiva l'Egitto), ovvero il cuore della potenza dell'impero per rendite fiscali e reclutamento di truppe; la seconda, quella balcanica, era pericolosamente vicina alla capitale – e dunque fonte continua di preoccupazione, visto che attraverso il Danubio erano penetrati in territorio romano prima i goti e poi gli unni – ma grazie a un'accorta gestione delle difese fisse, al controllo delle principali vie di comunicazione e al pagamento di sostanziosi tributi ai capi barbari più pericolosi, era stata mantenuta relativamente sicura dopo la morte di Attila (453)[8]; infine il terzo teatro di guerra – non una vera e propria frontiera, dunque – era l'Occidente, la scena delle grandi campagne della *restauratio imperii* affidata da Giustiniano a Belisario. In Africa e poi in

di risoluzione dei conflitti (diplomazia, corruzione, pagamento di donativi, omicidi "mirati"). Le guerre esterne di Giustiniano sono un'eccezione solo parziale: si trattava di recuperare territori imperiali, e comunque si scelse di farlo sfruttando crisi interne dei regni dei vandali e dei goti.

[7] Come è noto, questo termine non era utilizzato da quelli che i moderni hanno poi chiamato «bizantini». L'antica città di Bisanzio, colonia greca sul Bosforo, era stata trasformata da Costantino nella Nuova Roma, capitale della *pars Orientis*: i sudditi dell'impero non si considerarono né si chiamarono mai altrimenti che «romani». Lo stesso Procopio impiega occasionalmente il vecchio nome della città per far sfoggio di erudizione, ma mai l'aggettivo «bizantino» in riferimento all'impero o ai suoi abitanti.

[8] Nel 539 un'orda di razziatori unni, approfittando delle difese sguarnite a causa della guerra in Italia, aveva compiuto una pericolosa incursione in territorio imperiale, giungendo in vista delle mura di Costantinopoli prima di tornare oltre il Danubio con il bottino raccolto.

Italia erano state destinate truppe sottratte allo scacchiere orientale, ma solo dopo che era stata conclusa nel 532 una «pace eterna» con Cosroe I, il "re dei re" sassanide[9]: adesso, nella primavera del 540, mentre gli abitanti di Costantinopoli festeggiavano la vittoria sui goti, Cosroe si preparava a tradire gli accordi di otto anni prima attaccando l'impero senza essere stato provocato.

Giustiniano negò a Belisario la celebrazione del trionfo, che gli era stata invece accordata nel tardo autunno del 534, al termine della campagna contro i vandali in Africa settentrionale. È probabile che l'imperatore non volesse rendere il *magister militum* ancora più popolare – e quindi potenzialmente pericoloso – di quanto già non fosse; ma le notizie che giungevano dall'Oriente avrebbero reso comunque inappropriata una simile cerimonia. L'"avventurismo occidentale" di Giustiniano aveva offerto ai persiani l'opportunità di ampliare il proprio dominio in una delle regioni economicamente più floride e strategicamente più importanti del mondo antico[10]: Cosroe I non intendeva lasciarsela sfuggire, e già alla fine del 539 aveva presentato alcune

[9] Cosroe I Anushirwan, ovvero «dall'anima immortale», regnò dal 531 al 579 e fu il più glorioso tra i sovrani della dinastia sassanide: sotto il suo regno l'impero neo-persiano raggiunse l'apice della potenza. La «pace eterna» (ovvero senza limite di tempo) aveva posto fine alla guerra romano-persiana iniziata nel 527; erano stati ristabiliti i confini del 502, ma Giustiniano aveva dovuto accettare il pagamento di un'indennità di guerra di 11.000 libbre d'oro. Nel 540 Cosroe I, sollecitato dagli ambasciatori dei goti, aveva deciso di riprendere le ostilità per approfittare della momentanea debolezza militare romana in Oriente, suscitando però la riprovazione di alcuni tra i suoi stessi dignitari.

[10] Cfr. Peter Heather, *Rome Resurgent. War and Empire in the Age of Justinian*, Oxford-New York 2018, p. 214.

provocatorie rimostranze alla corte di Costantinopoli allo scopo di trovare un motivo per rompere la «pace eterna». Nel marzo successivo, prima che Giustiniano potesse riorganizzare le difese sull'Eufrate riportando in Oriente almeno una parte delle truppe che avevano combattuto con Belisario in Italia, il "re dei re" passò all'offensiva. Cosroe I si mise personalmente alla testa dell'esercito e adottò un piano inusuale: invece di penetrare nel territorio romano forzando il fronte mesopotamico propriamente detto, cosa che lo avrebbe costretto a investire la fortezza di Dara, avanzò tenendo l'Eufrate sulla propria destra, evitando anche la piazzaforte di Callinicum, e raggiunse, senza incontrare opposizione, la città di Sura. Qui la guarnigione resistette validamente per un giorno, ma quando perse il comandante, un armeno di nome Arsace, la popolazione obbligò i superstiti a intavolare trattative per la resa. Venne inviato a parlamentare il vescovo: Cosroe stabilì il pagamento di una forte somma per lasciare in vita gli abitanti, ma mentre il vescovo rientrava a Sura protetto dalla bandiera di tregua, un distaccamento persiano impedì con uno stratagemma che venissero richiuse le porte cittadine, e Sura venne presa d'assalto e data alle fiamme. I sopravvissuti, circa dodicimila, furono ridotti in schiavitù. «Colpendo con una punizione esemplare i sureni», scrive Procopio, che erano stati i primi tra i romani a resistergli durante quella campagna, Cosroe intendeva dare un esempio, pensando che «d'allora in poi gli si sarebbero arresi senza alcuno sforzo tutti quelli che gli fossero capitati tra i piedi»[11].

Aveva ragione: il panico si propagò come un incendio attraverso le province dell'Oriente romano, praticamente indifese. Giustiniano inviò il cugino Germano per ottenere una tregua al prezzo di 10.000 libbre d'oro (ovvero 720.000 *solidi aurei,* o *nomismata*, le monete di più alto valore circolanti in età bizantina), una somma pari a circa un quindicesimo del budget annuale dell'impero[12]; Cosroe accettò, o fece mostra di accettare, ma le trattative vennero interrotte dopo un ripensamento dello stesso Giustiniano, che inviò una seconda ambasceria con proposte meno favorevoli al nemico. I persiani proseguirono quindi nella loro offensiva, costringendo le deboli guarnigioni di Hierapolis e Beroea alla resa; ai primi di maggio le avanguardie sassanidi si accampavano di fronte alle mura di Antiochia, la grande metropoli siriana, terza città dell'impero.

La guarnigione venne rinforzata *in extremis* con seimila *limitanei* provenienti dalla Palestina, ma non ci fu tempo per provvedere a modificare il tracciato delle mura nell'unico punto debole del perimetro, dove erano quasi sovrastate dalla cima orientale del monte Silpio. Un tentativo di costruire una piattaforma provvisoria in legno per ampliare il camminamento interno e ospitare

[11] Procopio, *Op. cit.*, II, 5, 12.
[12] Cfr. Warren Treadgold, *A History of the Byzantine State and Society*, Stanford (Cal.) 1997, p. 277.

così un numero maggiore di difensori si risolse in un disastro, perché quando i persiani iniziarono l'assalto la piattaforma crollò sotto il peso dei soldati accorsi nel punto minacciato, facilitando ulteriormente al nemico la scalata delle fortificazioni.

Antiochia venne presa, saccheggiata e data alle fiamme. Buona parte della guarnigione riuscì a fuggire verso sud, ma gli abitanti vennero uccisi o ridotti in schiavitù. Una nuova ambasceria giunta da Costantinopoli venne trattata oltraggiosamente da Cosroe, che a quel punto esigeva cinquantamila libbre d'oro per prendere in considerazione un nuovo trattato di pace, a cui Giustiniano avrebbe dovuto aggiungere un tributo annuo di altre cinquemila libbre.

Le notizie del disastro raggiunsero la capitale spegnendo di colpo l'entusiasmo per la vittoria di Belisario sui goti. L'Italia era lontana, oltre il mare, e nulla che accadesse in quel teatro di guerra poteva essere percepito come una vittoria decisiva o una minaccia immediata; ma il saccheggio di Antiochia, a meno di un mese di marcia da Costantinopoli attraverso l'Asia Minore, faceva correre un brivido nella schiena di tutti i dignitari della Nuova Roma. Gustiniano si preparò a correre ai ripari nell'unico modo possibile: raccogliere tutte le forze disponibili, richiamando reparti dall'Italia e dai Balcani, e affidare il comando della campagna del 541 contro i persiani a Belisario, che del resto non aveva mai smesso di portare il titolo di *magister militum per Orientem*.

Belisario, nel marzo del 541, si ritrovò al comando

di una forza di non più di quindicimila uomini, tra i quali i propri *buccellarii* rientrati dall'Italia e un buon numero di cavalieri goti passati sotto i suoi stendardi, ma anche seimila *limitanei* palestinesi – probabilmente gli stessi fuggiti da Antiochia – sulla cui efficienza era lecito nutrire molti dubbi. Nonostante questo, il *magister militum* di Giustiniano si apprestava a muovere verso Oriente con la buona stagione, quando venne informato dalle spie inviate in territorio nemico che il grosso delle forze persiane era lontano. Per buona sorte dei romani, infatti, Cosroe durante l'inverno aveva ricevuto notizie preoccupanti dall'opposta frontiera del suo impero, ed era stato costretto a portarsi con il proprio esercito di manovra nella regione del Caspio per respingere un'incursione di unni bianchi, popolazione seminomade che in passato aveva causato più volte gravi problemi ai sovrani sassanidi. Belisario decise allora di passare all'offensiva: dopo aver costretto il forte presidio di Nisibi a rinchiudersi all'interno della cittadella, troppo ben munita per essere presa d'assalto, l'esercito imperiale proseguì verso Sisauranon, dove la guarnigione, a corto di viveri, venne rapidamente condotta alla resa. Le mura furono rase al suolo; gli abitanti «di religione cristiana e di origine romana», scrive Procopio, vennero ovviamente lasciati liberi, mentre i persiani furono inviati sotto scorta a Costantinopoli[13].

[13] Ivi, IV, 19, 14-15.

A questo punto, dal momento che le forze a sua disposizione erano decisamente troppo deboli per pensare a una campagna di vasto respiro, Belisario decise di ripiegare, ma solo dopo aver inviato forti distaccamenti di ausiliari arabi – la migliore cavalleria leggera a sua disposizione – a compiere saccheggi a vasto raggio in territorio persiano. Poca cosa, in confronto alla distruzione di Antiochia; ma era comunque il segno che l'impero aveva deciso di rispondere con le armi alla sfida di Cosroe. Tuttavia negli stessi mesi, mentre gli eserciti persiani e romani manovravano e si combattevano tra la Mesopotamia e il Caspio, un nemico che avrebbe ben presto sconfitto entrambi raggiunse le rive del Mediterraneo.

Entra la morte

Quell'anno [541] scoppiò una pestilenza da cui poco mancò che andasse distrutto l'intero genere umano. Di solito, a tutti i flagelli mandati dal Cielo gli uomini cercano di dare delle spiegazioni, con molta presunzione: tali sono le varie ipotesi che con vani sproloqui amano avanzare coloro che si dicono esperti in materia, su fenomeni assolutamente incomprensibili per l'uomo, inventando strane teorie di scienza naturale, sebbene sappiano benissimo di dire cose senza alcun senso; però si considerano paghi se riescono a convincere chi capita loro a tiro, sbalordendo con gran discorsi. Ma per questa pestilenza non c'è alcuna possibilità di esprimere a parole o anche solo d'immaginare col pensiero una qualche spiegazione: resta unicamente da attribuirla al volere di Dio.[14]

[14] Ivi, II, 22, 1-2.

È questa la solenne *ouverture* dei due capitoli dedicati da Procopio alla catastrofe che si abbatté sull'impero a partire dalla primavera del 541. Il grande storico delle guerre di Giustiniano era stato testimone diretto dell'epidemia: le sue parole vanno quindi analizzate con estrema attenzione, perché rispecchiano ciò che ebbe occasione di constatare con i suoi stessi occhi per le strade e nelle case di Costantinopoli.

Benché fosse stato educato nella più profonda ammirazione per gli autori pagani, da Omero a Tucidide ai retori ateniesi di età classica, Procopio era nato e cresciuto in un mondo ormai cristianizzato. La natura e la storia devono rispondere ai disegni provvidenziali di Dio: la tragedia che colpiva l'impero, dunque, non poteva avere altra origine se non la dura volontà dell'Onnipotente. Anche Procopio, come milioni di altri cristiani, per quanto terribile fosse lo sgomento che provava di fronte alla morte che falciava gli uomini a migliaia, era indotto a razionalizzare l'epidemia in termini di *punizione* per qualche terribile colpa commessa dalla collettività; una colpa che restava nascosta alla sua capacità di comprensione, ma doveva essere in qualche modo commisurata alla gravità e all'estensione del morbo. L'umanità intera aveva trasgredito la legge divina:

> La pestilenza, infatti, non si abbatté soltanto su una parte del mondo o su di un gruppo di uomini, né fu circoscritta a una determinata stagione dell'anno, di modo che sarebbe stato forse possibile far congetture sulle sue cause; dilagò invece per tutto quanto l'universo e stroncò la vita di tanti uomini anche lontanissimi e diversissimi fra loro, senza far distinzione né di età né di sesso. Infatti, sia che dif-

ferissero per il luogo in cui abitavano e per consuetudini di vita, per caratteristiche fisiche, per attività di lavoro, o qualunque altra cosa in base alla quale gli uomini si differenziano tra loro, questo contagio non fece alcuna distinzione. Alcuni li colpì d'estate, altri d'inverno, altri ancora nelle altre stagioni dell'anno. Dicano pure ciò che pensano al riguardo, secondo il loro punto di vista, sia il filosofo sia il meteorologo; quanto a me, mi limito a riferire dove la pestilenza incominciò a manifestarsi e in che modo fece strage fra gli uomini.[15]

La cittadina portuale di Pelusio, all'estremità orientale del delta del Nilo, fu il primo focolaio del morbo nel territorio dell'impero. Gli storici contemporanei hanno concordemente individuato nell'intensificarsi dei traffici attraverso il mar Rosso la causa immediata dell'arrivo del morbo in Egitto: mercanzie provenienti dalla costa dell'Africa orientale, dopo essere state scaricate all'estremità settentrionale del mar Rosso, viaggiavano via terra fino ai porti del Delta, tra i quali Pelusio, dove venivano nuovamente caricate sulle navi in partenza verso Costantinopoli e gli altri principali scali del Mediterraneo. Nei primi decenni del VI secolo questi flussi commerciali avevano visto un rapido incremento grazie ai buoni rapporti tra l'impero e il regno cristiano d'Etiopia. Sulle navi provenienti dall'India, da Ceylon e dall'Africa viaggiavano numerosi esemplari di *rattus rattus* (il ratto nero comune), a loro volta ospiti delle pulci portatrici del batterio della *Yersinia pestis* responsabile della trasmissione all'uomo della malattia[16].

[15] Ivi, II, 22, 3-5.
[16] Il nome del batterio deriva da quello del suo scopritore, il medico franco-svizzero Alexandre Yersin, batteriologo dell'Istituto Pasteur, che riuscì ad isolarlo nel 1894 durante un'epidemia scoppiata a Hong Kong.

Fu dunque dal piccolo porto egiziano di Pelusio, nella primavera del 541, che l'epidemia si diffuse in due opposte direzioni: verso Occidente, raggiungendo ben presto la grande metropoli di Alessandria, distante appena un paio di giorni di navigazione, e verso Oriente, risalendo in poche settimane la costa della Palestina. Poi «si sparse per tutta la terra»,

> avanzando sempre, nei momenti ad essa più favorevoli. Sembrava infatti che si muovesse secondo una regola fissa, sostando in ciascun paese per un determinato periodo di tempo e colpendo tutti col suo contagio, non certo alla leggera, per poi trasferirsi in un'altra zona, fino agli estremi confini della terra...
>
> Non lasciò indenni né una sola isola né una spelonca né la cima di un monte, ove si trovassero esseri viventi; e se per caso saltò qualche villaggio senza attaccare gli uomini che vi abitavano, o sfiorandoli appena leggermente, più tardi tornò di nuovo indietro e senza più toccare per nulla coloro che vivevano nelle vicinanze e che aveva già duramente decimato in precedenza, non si allontanò da quel villaggio finché non ebbe esattamente pareggiato il numero dei morti a quello degli abitanti vicini, cui era capitato di morire la prima volta.[17]

Agli occhi di Procopio, e certamente di tutti gli altri testimoni della catastrofe, sbigottiti dalla rapidità con cui si era diffusa l'epidemia a partire dalla primavera del 541, il morbo sembrava possedere una razionalità nefasta: come un esercito nemico seguiva una strategia, avanzando verso nuove conquiste solo dopo aver debellato e sottomesso gli abitanti di un determinato distretto. L'estensione del contagio fu in realtà meno

[17] Procopio, *op. cit.*, II, 22, 6-8.

ampia e uniforme di quello che lascia intendere lo storico delle guerre di Giustiniano, ma seguì, come una travolgente onda di marea, le principali vie di comunicazione: viaggiava più veloce sul mare, più lentamente lungo le strade carovaniere che dal delta del Nilo si diramavano in tre direzioni diverse. In meno di un anno raggiunse Costantinopoli, dove si trovava Procopio, anche lui reduce dalla vittoriosa campagna d'Italia al seguito di Belisario. E nella splendida capitale dell'impero la vita si trasformò ben presto in una sorta di incubo collettivo.

> Molti cittadini cominciarono coll'avere delle apparizioni di fantasmi, del tutto simili a uomini nell'aspetto: e quando s'imbattevano in essi, sembrava loro di venir colpiti, in qualche parte del corpo, dall'uomo in cui si erano imbattuti; subito dopo aver avuto tale apparizione, venivano colti dalla pestilenza. Da principio, chi vedeva i fantasmi cercava di cacciarli facendo scongiuri, come meglio poteva, ma senza ottenere assolutamente alcun risultato, tant'è vero che molti morirono persino nelle chiese in cui si erano rifugiati.[18]

Anche il secondo autore che abbia lasciato una testimonianza sul diffondersi del morbo nella primavera del 541, il vescovo Giovanni di Efeso[19], riferisce apparizioni inquietanti all'approssimarsi della pestilenza:

[18] Ivi, II, 22, 10-11.

[19] Giovanni di Efeso (ca. 507-586), ecclesiastico e storico monofisita, venne inviato da Giustiniano come missionario presso gli ultimi nuclei pagani sopravvissuti nella regione di Efeso nel 542, proprio nel momento in cui l'epidemia raggiungeva l'Asia Minore. La seconda delle tre parti della sua *Storia ecclesiastica* – che copriva gli anni dal 405 al 570 – sopravvive solo frammentariamente in traduzioni siriache dell'VIII secolo.

molta gente vide strane imbarcazioni di bronzo, nelle quali erano sedute figure simili a uomini con la testa mozzata. Usando delle pertiche, anch'esse di bronzo, si muovevano lungo la costa... Queste figure si mostravano sempre in modo spaventoso, specialmente durante la notte.[20]

Allucinazioni, presagi, visioni notturne generate dal terrore e dalla presenza ossessiva della morte a ogni angolo di strada. Non si è mai dato molto peso a questa descrizione delle fasi iniziali della malattia fatta da Procopio e da Giovanni di Efeso: in realtà, una parte delle apparizioni di fantasmi sono spiegabili con lo stato febbrile di uomini e donne colpiti dal morbo, unito alla consapevolezza di trovarsi in una situazione di rischio estremo. Questi fenomeni "paranormali" erano comunque piuttosto limitati, perché – continua Procopio – per lo più le persone cadevano ammalate senza alcun tipo di segno premonitore:

erano assalite d'improvviso dalla febbre, alcune appena si svegliavano dal sonno, altre mentre passeggiavano, altre ancora mentre erano intente a fare una cosa qualsiasi. Il corpo non cambiava il suo precedente colore né diventava caldo, come avviene a chi è colto dalla febbre, e neppure appariva alcuna infiammazione, ma dal mattino fino alla sera la febbre era così debole che né ai malati stessi né al medico che tastava loro il polso sembrava preannunciare un indizio di pericolo. Quindi nessuno fra coloro che erano caduti ammalati credeva di dover morire per quel fatto. Ma qualcuno nella stessa giornata, qualcuno nella seguente, altri non molti giorni dopo, vedevano formarsi un bubbone non soltanto in quella parte del corpo che è sotto l'addome ed è chiamata inguine, ma

[20] Passo citato in Peregrine Horden, *Mediterranean Plague in the Age of Justinian*, in *The Cambridge Companion to the Age of Justinian*, edited by Michael Maas, Cambridge–New York 2005, pp. 134-160, p. 141.

anche sotto le ascelle, e in qualche caso anche dietro le orecchie o in un altro punto qualsiasi delle cosce.[21]

La peste nera aveva fatto la sua comparsa in Europa.

La peste a Costantinopoli

Procopio non aveva particolari conoscenze in campo medico, ma cercò comunque di descrivere con precisione i sintomi del morbo. Fino alla comparsa dei bubboni i sintomi erano più o meno simili in tutti gli ammalati; da quel momento «cominciavano invece manifestazioni differenti, non so dire se per la diversità delle costituzioni fisiche o perché così fosse la volontà di Colui che aveva mandato l'epidemia». Alcuni infatti perdevano conoscenza, mentre altri, al contrario, deliravano e si agitavano senza sosta, anche in modo violento, mettendo in difficoltà chi si dedicava ad assisterli. Anche far accettare cibo agli appestati era difficilissimo, al punto che «molti morirono consunti dalla fame». Infine,

> coloro che non cadevano in coma o non erano colti dal delirio, morivano invece perché il bubbone andava in cancrena ed essi non riuscivano più a sopportare il dolore. [...] Ora alcuni medici, trovandosi in imbarazzo perché non conoscevano tutti questi sintomi, congetturarono che il focolaio della malattia consistesse nei bubboni, e perciò decisero di esaminare i cadaveri di coloro che erano morti. Sezionato un certo numero di bubboni, scoprirono che nel loro interno si era formato una specie di carbonchio pu-

[21] Procopio, op. cit., II, 22, 14-18.

rulento. Alcuni morivano subito, altri molti giorni dopo, e in certi casi fiorivano su tutto il corpo delle pustole nerastre grosse come lenticchie. Questi non rimanevano in vita nemmeno un giorno, ma morivano immediatamente. Molti altri, anzi, erano colti all'improvviso da uno spontaneo sbocco di sangue, che li faceva restare soffocati sul colpo.[22]

Anche i migliori medici dell'impero brancolavano nel buio. I più coraggiosi, come abbiamo visto, si sacrificarono esponendosi al contagio per studiare i sintomi e l'evoluzione della malattia; altri si avventurarono in diagnosi prive di qualsiasi fondamento. «Di questo morbo non c'era nessuna spiegazione possibile per la scienza umana», conclude Procopio, «perché in tutti i casi aveva un decorso imprevedibile»:

ad alcuni era di giovamento lavarsi, altri anche così erano ugualmente stroncati dalla morte; molti morivano per mancanza di cure, altri invece si salvavano, contrariamente a quanto c'era da aspettarsi; inoltre i metodi curativi avevano per ogni paziente effetti differenti. Si può dire, insomma, che nessuno sapeva come fare per salvarsi, sia che prendesse precauzioni onde evitare il contagio, sia che cercasse di superare la malattia una volta che ne era colto. Si cadeva ammalati senza motivo e si guariva per puro caso.[23]

Non è difficile immaginare lo sgomento generato da un'epidemia così letale e così inspiegabile in tutti i suoi aspetti, dalle cause più o meno remote al modo di diffondersi, fino alle possibili vie di guarigione. Nonostante Procopio affermi che la peste «dilagò per tutto quanto

[22] Ivi, II, 22, 19-22.
[23] Ivi, II, 22, 24-26.

l'universo», è ovvio che non tutte le regioni dell'impero vennero colpite con la stessa violenza. Di quello che accadde nei villaggi e nelle campagne, ad esempio, non sappiamo praticamente nulla, e le indagini archeologiche non hanno rinvenuto tracce utili per completare il quadro drammatico che lo storico dipinge per Costantinopoli. La sorte della Nuova Roma fu probabilmente condivisa da altre città portuali del Mediterraneo, anche se solo Alessandria d'Egitto poteva avvicinarsi alla capitale per numero di abitanti e movimento di merci: altrove possiamo solo supporre che l'epidemia viaggiasse lungo le principali vie di comunicazione, e colpisse soprattutto i luoghi in cui vi era una maggior concentrazione di abitanti.

Sono soltanto ipotesi. Ma sulla situazione a Costantinopoli siamo bene informati. «A Bisanzio», scrive infatti Procopio utilizzando il nome antico della città,

> la pestilenza durò quattro mesi, e in tre di questi fu soprattutto violenta. Dapprincipio la mortalità fu di poco superiore al consueto, poi l'epidemia si diffuse sempre più rapidamente e il numero delle morti raggiunse la media di cinquemila al giorno, per arrivare persino a diecimila e anche più. Nei primi tempi ciascuno si preoccupava di dar sepoltura ai membri della propria famiglia, magari deponendoli di nascosto e con la violenza nelle tombe di altre persone; in seguito tutto finì in una grande confusione generale. Vi furono schiavi che rimasero senza padrone, uomini prima molto benestanti che si trovarono privi del servizio dei loro domestici o perché malati o perché defunti; alcune case restarono completamente deserte di persone. Per conseguenza accadde che in quel caos anche qualche illustre personaggio rimase parecchi giorni insepolto.[24]

[24] Ivi, II, 23, 1-2.

Giustiniano cercò di correre ai ripari per limitare il disordine sociale causato dall'epidemia. Il ruolo della capitale e della sua popolazione nella vita politica dell'impero era fondamentale: come era stato dimostrato esattamente dieci anni prima, in occasione della rivolta delle fazioni del circo[25], lo stesso potere supremo poteva essere messo in pericolo da un'esplosione di rabbia degli abitanti della capitale. Non appena la pestilenza si manifestò in tutta la sua gravità, dunque, Giustiniano diede mandato al *referendarius* Teodoro – il "segretario relatore delle decisioni imperiali", che normalmente svolgeva la fondamentale funzione di selezionare le petizioni presentate dai sudditi, riferire al sovrano, e quindi trasmettere le sue decisioni ai postulanti – di provvedere a tutti i problemi causati dall'epidemia, «assegnandogli guardie di palazzo e una somma di denaro».

Non è chiaro quali poteri e mansioni venissero effettivamente delegati a questa specie di commissario straordinario: esisteva già un *praefectus urbi* costantinopolitano con responsabilità sull'ordine pubblico, i mercati, l'igiene, gli spettacoli... A quanto pare la prima preoccupazione di Teodoro fu di risolvere il problema delle sepolture, cosa che fece «distribuendo il denaro ricevuto dall'imperatore e attingendo anche

[25] Gli abitanti di Costantinopoli, nel VI secolo, erano divisi in due fazioni rivali, gli Azzurri e i Verdi, sostenitori delle due squadre in gara nelle corse dell'ippodromo e di differenti orientamenti politici e religiosi (gli Azzurri favorevoli all'imperatore e ortodossi, i Verdi suoi oppositori e monofisiti). Normalmente acerrimi rivali, Azzurri e Verdi si erano ribellati insieme contro il governo di Giustiniano nel gennaio del 532 al grido di *Nika!*, "Vinci!", esortazione che diede il nome alla rivolta.

al suo patrimonio personale». Non fu sufficiente: uno degli aneddoti più celebri del racconto di Procopio – troppo preciso e impressionante per essere frutto della sua fantasia – riguarda proprio la soluzione estrema adottata dai cittadini per liberarsi dei corpi dei defunti: dopo aver scavato fosse un po' ovunque nelle campagne fuori città, «non potendo più far fronte al numero dei morti», si decise di utilizzare le torri delle fortificazioni del sobborgo di Sica, oltre il Corno d'Oro, che vennero scoperchiate e riempite di cadaveri di appestati, «gettati dall'alto e accatastati alla rinfusa». Le torri vennero poi nuovamente coperte con i loro tetti, ma questo non evitò che «per la città intera si diffondesse un odore nauseabondo, sempre più insopportabile per gli abitanti, specialmente se il vento soffiava da quella direzione»[26].

La popolazione della capitale fu senza dubbio falciata dal morbo, anche se non è possibile fornire alcuna stima attendibile sul numero delle vittime. Dai cinque ai diecimila morti al giorno per varie settimane, come scrive Procopio, fanno pensare a un totale di almeno duecentocinquantamila, quindi circa la metà degli abitanti di Costantinopoli all'epoca di Giustiniano: cifra certo impressionante, ma non impossibile, e in linea con gli effetti delle altre pestilenze più recenti sulle quali abbiamo informazioni più precise. La vita in città rallentò fino quasi a fermarsi:

[26] Ivi, II, 23, 5-6.

non era facile veder girare qualcuno per le strade, perché tutti coloro che avevano la fortuna di essere in salute rimanevano in casa o a curare i malati o a piangere i morti. Se capitava di incontrare una persona che camminava per via, era perché stava portando un cadavere. Ogni attività era ferma, tutti gli artigiani avevano abbandonato la loro arte, e così accadeva a ogni altra specie di lavoro che ciascuno avesse per le mani. Di conseguenza in quella città che era stata veramente sovrabbondante di ogni genere di beni, si era diffusa una spaventosa carestia. Trovare un po' di pane o qualunque altra cosa in misura appena sufficiente appariva senza dubbio un'impresa molto difficile e degna di nota, cosicché per molti malati la morte sopravvenne prima del tempo per mancanza del necessario.[27]

Anche l'imperatore cadde ammalato: per rispetto e per timore si interruppero allora tutte le attività politiche. «Nella capitale dell'impero romano», conclude Procopio, anche i cittadini che avrebbero dovuto vestire la clamide per svolgere funzioni pubbliche «se ne stavano ritirati, indossando gli abiti normalmente usati in casa». Ma Giustiniano riuscì a guarire; e a poco a poco, nell'autunno del 542, ci si rese conto che il peggio era passato.

Senza tregua

Cosroe aveva perso un anno. Il solo risultato utile, per quello che riguardava la sua lotta con l'impero, era stata la conquista della piazzaforte romana di Petra, nella

[27] Ivi, II, 23, 10-12.

Colchide[28]; per il resto la sua campagna del 541 era stata fallimentare. Procopio, nelle sue *Carte segrete* – il celebre libello scritto per denigrare Giustiniano e Teodora[29] – riassume così le operazioni del re sassanide, accennando anche a una non meglio definita «pestilenza» che avrebbe decimato le sue truppe[30]:

> Cosroe, figlio di Cabade, aveva attaccato la Colchide e, tra le altre imprese di cui ho già dato conto, occupato Petra: ma aveva perso molti dei suoi Medi nelle azioni di guerra e nelle dure marce. La regione della Lazica, come ho già detto, è impervia e scoscesa. Una pestilenza improvvisa, poi, aveva liquidato la maggior parte dell'esercito, e molti morivano per la mancanza del necessario. Proprio allora gente capitata dalla Persia riferì che Belisario, dopo aver sconfitto presso Nisibi Nabede[31], avanzava e aveva assediato e preso la fortezza di Sisaurano, facendo prigionieri Blesane e ottocento cavalieri persiani; aveva poi mandato altre truppe al comando di Areta, comandante dei Saraceni, oltre il Tigri per saccheggiare i villaggi di quella regione, rimasti fino ad allora inviolati. Cosroe aveva provveduto a spedire contro gli armeni, sudditi dei romani, un contingente di unni, perché i romani di stanza in

[28] Denominazione antica della regione corrispondente grossomodo all'attuale Georgia e Abkhazia, nel Caucaso, sulla sponda orientale del Mar Nero. In età bizantina viene più spesso indicata col toponimo Lazica, dalla tribù dei Lazi, appartenente al gruppo etno-linguistico cartvelico (o caucasico meridionale, come i Mingreli e i Georgiani), che la abitava, e la abita tuttora.

[29] Il titolo originale – *Anekdota*, ovvero "gli inediti" – si riferisce al carattere ovviamente riservatissimo del breve trattato, che circolò tra pochi amici finché il suo autore rimase in vita. Sui motivi del risentimento di Procopio nei confronti della coppia imperiale si è discusso molto, senza mai arrivare a conclusioni del tutto soddisfacenti: molto probabilmente l'opera fu il frutto delle amare delusioni seguite al primo trionfo di Belisario in Italia, e venne quindi composta attorno alla metà degli anni Quaranta.

[30] Non poteva trattarsi, ovviamente, della peste bubbonica, che proprio in quei mesi aveva appena raggiunto l'Egitto: ma gli eserciti antichi erano spesso vittima di "pestilenze" che ne falciavano i ranghi specialmente quando erano costretti a restare a lungo fermi in una stessa località, o erano esposti a condizioni climatiche estreme.

[31] *Spahbad* (generale) persiano al quale Cosroe aveva affidato il compito di tenere impegnato l'esercito romano sulla linea dell'Eufrate in modo da poter attaccare indisturbato verso nord, in Lazica (cfr. Procopio, *Le guerre*, II, 18).

Armenia, impegnati a respingere questo attacco, non avessero neppure sentore di quel che accadeva in Lazica. Ma correva voce che questi barbari, scontratisi con Valeriano e i suoi romani, erano stati sbaragliati e praticamente annientati.[32]

Non soltanto Cosroe non era riuscito a raggiungere i suoi obiettivi in Lazica, ma aveva concesso una tregua preziosa ai romani sul fronte principale, e Belisario ne aveva approfittato per risollevare le sorti e il morale delle armi imperiali. Nella primavera del 542, deciso a riprendere l'iniziativa in Mesopotamia, il "re dei re" lanciò una nuova offensiva lungo la stessa direttrice scelta due anni prima: superato l'Eufrate, e utilizzando il fiume come schermo protettivo per il proprio fianco destro, l'esercito persiano avanzò fino a Sergiopoli (Resafa, oggi al-Rusafa), dove convergevano le vie carovaniere da Dura Europos, Aleppo e Palmyra. Il vescovo Candido uscì incontro a Cosroe per patteggiare un pagamento ed evitare la distruzione della città, ma venne trattenuto in ostaggio mentre il sovrano sassanide cercava di ottenere dagli abitanti la resa immediata e una enorme somma di denaro. Avvertita da un ufficiale arabo che militava tra le file persiane che Cosroe non aveva comunque intenzione di risparmiare Sergiopoli, la piccola guarnigione – solo duecento *limitanei*, affiancati però da tutti gli uomini in grado di portare le armi – si schierò sulle mura per combattere, e riuscì a respingere un primo assalto

[32] Procopio, *Carte segrete*, II, 18-22.

nemico. A corto di acqua, i persiani furono costretti a levare il campo; dopo aver raccolto informazioni dalle spie disseminate due anni prima in territorio imperiale, Cosroe decise di attraversare la provincia della *Syria Salutaris*, che non solo era scarsamente difesa, ma non era stata toccata dalle operazioni militari del 540, e quindi poteva fornire cibo e foraggio per il sostentamento della sua armata.

Cosroe proseguì nella sua avanzata mentre Belisario, tornato al fronte, radunava le truppe disponibili a Europus, sull'alto Eufrate, in posizione adatta sia a intervenire direttamente per contrastare un attacco a Hierapolis – il capoluogo della provincia di *Syria Euphratensis* – sia a tagliare le linee di comunicazione nemiche qualora i persiani avessero deciso di spingersi a ovest verso Apamea o a sud-ovest verso Emesa. «Quando Cosroe apprese che Belisario con tutto l'esercito romano era accampato a Europus», scrive Procopio, decise di non continuare più la marcia», e mandò un ambasciatore per valutare le forze avversarie e aprire colloqui in vista di una tregua. La minaccia di un esercito romano che si preparava ad avanzare lungo l'Eufrate, quindi nelle sue retrovie, era stata sufficiente a distogliere il sovrano sassanide dal proseguire nella sua seconda offensiva: Procopio non aggiunge altre cause per questa improvviso ripensamento, ma dobbiamo tenere presente che in quei mesi la pestilenza aveva raggiunto le province orientali romane, e stava probabilmente imperversando con particolare violenza non solo a Costantinopoli, ma in varie altre città dell'impero. Non c'è dubbio che Cosroe fosse stato informato dalle sue spie in Siria: e la prospettiva di assediare una fortezza dove la gente moriva per un morbo sconosciuto e micidiale, che si propagava con rapidità impressionante, lo avesse scoraggiato almeno quanto la presenza delle forze di Belisario a Europus[33].

Belisario convinse l'inviato di Cosroe, un dignitario di nome Abandanes, di avere a disposizione truppe numerose ed efficienti: ci riuscì con un semplice stratagemma, ovvero mettendo in bella mostra, attorno alla tenda presso cui lo aveva ricevuto amabilmente, i più robusti, sani e agguerriti tra i suoi uomini in atteggiamento rilassato, abbigliati alla leggera ed equipaggiati per la caccia, come se un'eventuale minaccia nemica fosse l'ultima delle sue e loro preoccupazioni. Abandanes, tornato da Cosroe – che nel frattempo si era avvicinato a Hierapolis – «gli consigliò di levare immediatamente le tende», perché aveva incontrato un generale che superava in astuzia e coraggio qualsiasi altro uomo, e aveva ai propri ordini «soldati di cui non aveva mai visto gli uguali, e di cui aveva sommamente ammirato la prestanza fisica». Goti, vandali e altri "barbari" occidentali, arruolati tra i *buccellarii* di Belisario, facevano una gran bella figura: la campagna del 542 finì senza ulteriori complicazioni, mentre Costantinopoli era sconvolta dalla peste.

[33] Cfr. Peter Heather, *Rome Resurgent*, *op. cit.*, p. 222.

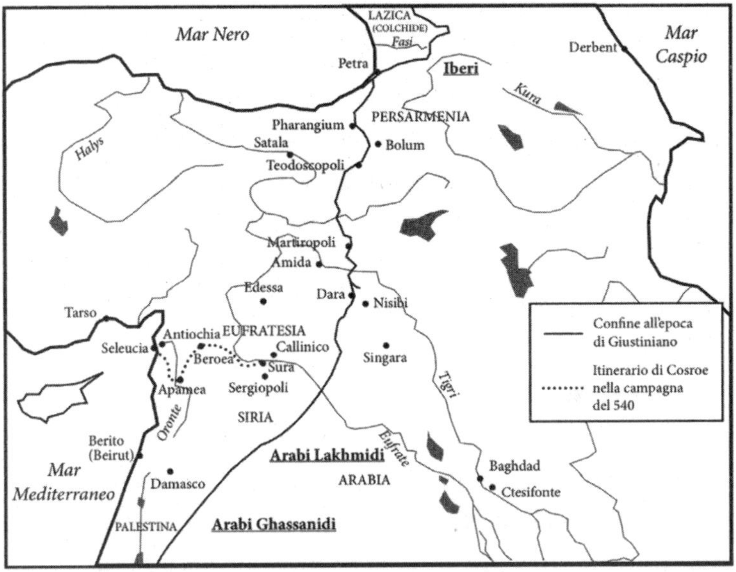

Il teatro della guerre romano-sassanidi (VI secolo).

Cosroe tornò all'attacco nella primavera successiva, dopo che la stagione fredda aveva almeno temporaneamente smorzato la virulenza dell'epidemia. Ancora una volta scelse di cambiare fronte, raccogliendo le truppe nella zona di Adarbiganon, non lontano dalla sponda sud-occidentale del Caspio, da dove intendeva probabilmente attaccare in direzione di Teodosiopoli (l'attuale Erzurum). Ma la peste – o meglio, la necessità di non esporre le proprie truppe al morbo – stava diventando un fattore decisivo nella conduzione delle operazioni militari: come scrive Procopio, infatti, Cosroe rinunciò alla spedizione «per paura della pestilenza, ritirandosi con tutto l'esercito in Armenia, dove il contagio della malattia non era ancora divenuto endemico»[34].

La campagna del 543 si concluse comunque in maniera sfortunata per i Romani. Belisario era stato rimosso dal comando durante l'inverno: non per la sua condotta delle operazioni nel 541 e 542, prudente ma non fallimentare, quanto per l'ira di Teodora, l'ambiziosissima consorte di Giustiniano, che aveva compreso che non avrebbe goduto dell'appoggio del primo soldato dell'impero nell'eventualità che suo marito, malato di peste, fosse morto senza eredi diretti. Ai generali inviati a rimpiazzare Belisario e il suo collega e amico Buzes[35], altrettanto compromesso agli occhi dell'imperatrice, venne ordinato di passare all'offensiva: ma dopo alcuni successi iniziali nel settore settentrionale del fronte si lasciarono attirare in un'imboscata dal nemico e persero molti uomini, convincendo Cosroe di poter nuovamente trarre vantaggio dalla situazione militare.

Nella primavera del 544, per il quinto anno consecutivo, il "re dei re" decise dunque di lanciare una nuova offensiva. L'epidemia aveva rapidamente e misteriosa-

[34] Procopio, *Le guerre*, II, 24, 8. È questo uno dei pochissimi casi in cui Procopio cita certamente la peste e la paura del contagio al di fuori dei due capitoli specificamente dedicati all'epidemia.

[35] Buzes (o Bouzes), che aveva già combattuto agli ordini di Belisario a Dara nel 530, nove anni dopo venne nominato da Giustiniano *magister militum per Armeniam* al posto di Sittas, ucciso durante una ribellione. Da quel momento fino all'inverno del 542 ebbe la responsabilità del fronte armeno. Richiamato da Teodora assieme a Belisario per il suo atteggiamento a lei ostile in occasione della malattia di Giustiniano, venne arrestato durante il viaggio verso Costantinopoli e imprigionato fino al 545. Negli ultimi anni soffrì per le conseguenze della lunga detenzione, ma venne comunque richiamato in servizio sul fronte armeno. È menzionato per l'ultima volta dalle fonti nel 556.

mente perso forza, tanto da permettergli di raccogliere le truppe senza rischi di contagio: Cosroe scelse un obiettivo limitato e guidò l'esercito contro Edessa, il capoluogo della provincia dell'Osrhoene, una sessantina di chilometri a nord-est di Europus sulla sinistra dell'Eufrate. Dal punto di vista strategico era una mossa molto più prudente delle due precedenti offensive in Siria, del 540 e 542, che erano state lanciate *sulla destra* dell'Eufrate: nonostante questo, nessun contingente imperiale intervenne in soccorso della città – forse un indizio delle gravi perdite subite anche a causa della pestilenza – e la guarnigione si preparò a resistere contando soltanto sulle proprie forze.

Per due mesi i persiani si accanirono invano contro le mura di Edessa. Procopio narra con molti particolari le vicende dell'assedio: gli assalitori arrivarono addirittura a costruire una collina artificiale per colpire i nemici dall'alto, ma gli uomini della guarnigione riuscirono a scavare una galleria di mina per farla crollare prima che fosse completata. Quando i soldati romani diedero fuoco alla legna ammassata nella mina si sviluppò un incendio tanto violento da vanificare ogni sforzo dei nemici per mantenerlo sotto controllo. Sei giorni dopo Cosroe ordinò un ultimo assalto; quando questo si esaurì senza risultato, il "re dei re" dovette accettare la sconfitta, e aprire trattative per un a tregua. Edessa non sarebbe caduta. Venne pattuito un prezzo per la cessazione delle ostilità, e l'esercito persiano riprese la via dell'Oriente.

Come ha scritto Peter Heather nel suo studio sull'età di Giustiniano,

> a quel punto, la nuova guerra di Cosroe in Mesopotamia – iniziata nel 540 – aveva ormai esaurito la sua spinta propulsiva. I romani non avevano ancora schierato nella regione forze sufficienti ad affrontarlo in una battaglia in campo aperto; anche Edessa era stata lasciata da sola ad affrontare due mesi di assedio, e non era stato inviato alcun aiuto diretto. Ma in realtà i romani non avevano bisogno di correre un rischio simile. Il programma di ricostruzione delle fortificazioni [...] stava procedendo a pieno ritmo: le difese di Dara, Singara, Sergiopoli, e di una serie di altre piazze minori erano state rinforzate in maniera sostanziale.[36]

La pace stava per tornare alla frontiera orientale, e questa volta sarebbe durata molti anni. Non abbiamo prove definitive, ma l'impressione è che le perdite umane causate dalla pestilenza, e l'ombra lasciata indietro nel morale dei sopravvissuti, abbiano contribuito non poco a convincere Cosroe ad accontentarsi del bottino raccolto soprattutto nel 540 e, in misura minore, nel 542. Ammassare decine di migliaia di uomini negli accampamenti durate la stagione calda, che negli ultimi anni aveva visto imperversare la pestilenza, sembrava un rischio inutile, tanto più che la situazione strategi-

[36] P. Heather, *op. cit.*, p. 224. Sul programma di ricostruzione delle fortificazioni mesopotamiche avviato da Giustiniano dopo il 542 la fonte principale è il secondo libro del *De aedificiis* di Procopio, il trattato che lo storico dedicò alle costruzioni civili e militari del grande imperatore. Nonostante l'intento di Procopio sia scopertamente encomiastico, la critica storica più recente ha confermato nella sostanza quanto da lui affermato a proposito delle opere difensive sul confine orientale (cfr. in particolare L.M. Whitby, *Procopius and the Development of Roman Defences in Upper Mesopotamia*, in *The Defence of the Roman and Byzantine Near East*, edited by D.L. Kennedy - P. Freeman, Oxford 1986, pp. 717-735).

ca, dopo l'irrobustimento delle difese fisse romane, non lasciava intravedere più alcuna possibilità di rapido e agevole successo.

La fine del mondo antico?

Nel 543 la prima e più grave ondata della pestilenza si esaurì in tutto il mondo mediterraneo e mediorientale. Il 23 marzo di quell'anno l'imperatore Giustiniano, sopravvissuto allo stadio avanzato della malattia, emanò una legge in cui dichiarava conclusa «l'educazione impartita da Dio», e ordinava di riportare le paghe, che erano aumentate enormemente, al livello precedente la crisi epidemica[37].

È molto difficile valutare tempi e modi del ritorno alla vita normale. Per ciò che riguarda le operazioni militari, la pace ristabilita alla frontiera orientale consentì di nuovo a Giustiniano di spostare truppe in Italia, dove i goti avevano rialzato la testa guidati dal nuovo re Totila. Gli eserciti romani dovettero ripetere quello che era riuscito a fare Belisario prima del 540, ma furono necessari altri dieci anni di guerra. Il fatto che il governo imperiale riuscisse a riprendere il controllo della situazione militare, economica e amministrativa, pur disponendo di risorse umane e materiali certamente minori rispetto alla prima parte del regno di Giustiniano, è una testimo-

[37] Cfr. Peregrine Horden, *op. cit.*, p. 138. La legge citata di Giustiniano è la *Novella* 122.

nianza eccezionale della solidità raggiunta dal grande edificio della *res publica* cristiana nel VI secolo.

È anche indizio, se non prova sicura, del fatto che il mondo antico – nonostante quanto affermato da vari storici di indiscusso valore[38] – verosimilmente *non finì* a causa della "peste di Giustiniano". E nemmeno *iniziò* a finire. La testimonianza di Procopio è degna di fede, ed è quindi da valutare con attenzione l'impatto della "prima pandemia della storia mondiale" sulla società dell'epoca, ma non ci sono segni evidenti di una catastrofe demografica capace di trasformare in pochi anni la situazione del mondo Mediterraneo. È vero che lo stesso Procopio, nelle *Carte segrete*, sostiene che

> la peste, infestando l'impero romano come il resto del mondo, aveva ucciso la più gran parte dei contadini e quindi rese deserte le terre coltivate,[39]

ma subito dopo aggiunge che l'imperatore e il suo governo «non usarono alcun riguardo verso i proprietari di terre», continuando a esigere da loro l'usuale tributo annuo, e anzi «anche quello dei vicini morti». Questo riferimento all'istituto dell'*adiectio sterilium* – una legge che prevedeva l'accorpamento coatto di un terreno abbandonato alla proprietà di un confinante, che era da quel momento tenuto a pagare la relativa tassa fondiaria – contraddice in parte l'affermazione

[38] Basti citare qui il recente saggio di Kyle Harper, *The Fate of Rome. Climate, Disease, and the End of an Empire*, Princeton (NJ) 2017; ed. it. *Il destino di Roma*, Torino 2019.

[39] Procopio, *Carte segrete*, XXIII, 15.

precedente, ovvero che le campagne fossero ormai deserte: l'intento di Procopio, qui come in tutte le *Carte segrete*, è di mettere nella peggior luce possibile l'imperatore e la sua azione di governo, per cui la nota sui danni causati dall'epidemia nelle campagne può essere in parte una *exaggeratio retorica*, una delle tante iperboli usate nel libello per suscitare sdegno nei confronti di Giustiniano.

Uno recente studio di un'équipe di scienziati, basato sull'analisi delle fonti più diverse, è giunto a conclusioni molto lontane dalla visione tradizionale di una catastrofe capace di travolgere la società tardoantica:

> la posizione "massimalista", molto diffusa, asserisce che la *JP* [*Justinianic Plague*, ovvero la «peste di Giustiniano»] provocò una diminuzione della popolazione dell'Europa e del Mediterraneo tardo-antico pari ad oltre un terzo del totale, *uccidendo milioni di persone e ponendo fine all'antichità*. Un'affermazione così straordinaria avrebbe bisogno di prove altrettanto straordinarie: noi possediamo invece indizi molto labili per sostenere che la *JP* sia stata realmente un evento spartiacque. In questo saggio abbiamo introdotto nuove prove, e abbiamo contestualizzato vecchie testimonianze rilevanti per la discussione della prima pandemia della storia umana. Abbiamo costruito la nostra tesi sfruttando ricerche in campi di studio distinti ma complementari, integrando sia raccolte di dati indipendenti «ad alta risoluzione», [ovvero, suscettibili di essere analizzati anno per anno], come papiri, iscrizioni e monete, sia sondaggi di più ampie basi di dati «a bassa risoluzione», come i pollini e le sepolture. Abbiamo anche valutato criticamente i ritrovamenti tardo-antichi di tracce di *Yersinia pestis*, il bacillo responsabile della pandemia. Ebbene: la nostra valutazione di queste prove rivela come *una mortalità di massa* sia del tutto invisibile nei dati quantitativi contemporanei; siamo quindi convinti che vi siano motivi sufficienti per rifiutare l'opinione comune, sia scientifica che umanistica, che la *JP* sia stata

causa di un tracollo demografico nel mondo Mediterraneo durante il VI secolo.[40]

Dunque? La peste bubbonica giunse realmente per la prima volta nel Mediterraneo nella primavera del 541; falciò migliaia e migliaia di uomini e donne, soprattutto nei luoghi in cui vivevano ammassati in condizioni igieniche precarie, ovvero nelle poche grandi città e negli accampamenti militari; certamente Costantinopoli venne sconvolta, per una decina di settimane, da livelli di mortalità molto alti, e non vi è ragione di dubitare delle scene descritte da Procopio nei due capitoli dedicati alla peste. Decine e decine di migliaia di morti nella capitale, soprattutto perché concentrati nello spazio di poche settimane, furono senza dubbio un'esperienza sconvolgente, ma non bastano a sostenere che la pestilenza possa aver raggiunto gli stessi livelli di mortalità altrove; e «la mancanza di prove di qualsiasi tipo» messa in luce dagli studi più recenti consiglia di esercitare la virtù della prudenza prima di parlare di una «crisi demografica irreversibile», dalle conseguenze fatali per la sopravvivenza del mondo tardoantico.

Giustiniano sopravvisse alla peste; con lui l'impero. Nel 545 Antiochia era un enorme cantiere, finanziato in buona parte con il tesoro dei goti; nel 553 la guerra in Italia, come si è già accennato, era vinta. La vita

[40] Lee Mordechai - Merle Eisenberg - et al., *The Justinianic Plague: An inconsequential pandemic?*, in «Proceedings of the National Academy of Sciences of the United States of America», vol. 116, n. 51 (December 17, 2019, pp. 25546-25554), p. 25553. Ringrazio l'amico Alberto Zorloni per avermi segnalato (appena in tempo!) questo studio fondamentale.

nelle centinaia di città che costellavano la *res publica* cristiana continuò senza interruzione fino all'inizio del secolo successivo: solo allora, e soltanto sotto i colpi di un incessante susseguirsi di invasioni – persiani, avari e slavi tra il 602 e il 626, fino al colpo mortale inferto dagli arabi all'unità del Mediterraneo romano dopo il 641 – si potrà parlare davvero della "fine del mondo antico", e della trasformazione dello Stato romano in tutti i suoi aspetti principali, dall'amministrazione alla lingua, dal modo di condurre le operazioni militari alla sensibilità religiosa.

La grande "peste di Giustiniano" non rappresentò una svolta nella storia umana. Ma la *Yersinia pestis* era entrata in Europa, e avrebbe fatto ancora parlare di sé.

IV

La peste nera
(1347-1350)

Dalla Crimea alla Sicilia

Accadde che, nell'ottobre dell'anno dell'Incarnazione del Signore 1347, verso l'inizio del mese di ottobre, prima indizione, dei genovesi, su dodici galere, fuggendo la collera divina che si era abbattuta su di loro a causa della loro iniquità, accostarono al porto della città di Messina. Essi portavano con sé una così grave forma di peste che chiunque avesse parlato con un membro dell'equipaggio fu vittima della malattia mortale e non poté più sottrarsi in alcun modo alla morte. Quando poi casi di morte erano da mettere in relazione con l'arrivo delle galee genovesi, le cacciarono in tutta fretta dal porto e dalla città. L'epidemia continuava comunque a imperversare e nel periodo successivo la morte cercò anche qui in modo terribile le sue vittime. Il rapporto tra gli uomini si imbarbarì così che un padre, di fronte al figlio ammalato, si rifiutava di rimanergli accanto. Se però aveva il coraggio di avvicinarsi a lui, veniva colpito egli stesso dalla malattia ed era votato alla morte che sopraggiungeva dopo tre giorni. E non era il solo a rendere l'anima a Dio: anche i familiari che abitavano nella sua casa subivano lo stesso destino. Perfino i gatti e gli altri animali domestici della casa lo seguivano nella morte [...]. Sacerdoti e notai si rifiutavano di entrare nelle loro case. Se uno di questi entrava in una casa per redigere un testamento o un documento simile, non poteva sfuggire a una prossima morte. I frati minori, domenicani o appartenenti ad altri ordini che volevano entrare nelle abitazioni dei malati perché questi potessero confessare i propri peccati, venivano essi stessi (spesso) colti da una morte brusca al punto che alcuni di loro rimasero subito nelle camere dei moribondi.

Quando i cadaveri giacevano abbandonati nelle abitazioni, non c'era sacerdote, figlio, padre o congiunto che osasse più entrarvi. Si preferiva pagare un compenso non certo esiguo a dei facchini perché portassero i morti nel luogo destinato alla sepoltura.[1]

In Europa occidentale iniziò tutto così. La collera divina di cui parla il cronista era una terribile pestilenza di cui i genovesi si erano fatti veicoli. La città li espulse immediatamente, ma la loro breve presenza fu sufficiente a contagiare le persone con cui erano venuti in contatto, e a provocare la successiva fuga degli altri: «La gente di Messina dunque si disperse per l'intera isola di Sicilia, e quando arrivò nella città di Siracusa, quel male colpì così forte i siracusani che ne uccise molti, o piuttosto un numero immenso. La città di Sciacca, la città di Trapani, la città di Agrigento furono colpite come Messina da quella stessa peste».

Il morbo, poi conosciuto come "peste nera" – ma solo a partire dal XVII secolo –, aveva fatto la sua comparsa all'altro capo del continente qualche mese prima, in primavera, nelle file dei tatari guidati dal khan Djanisberg, che assediavano la città di Caffa in Crimea. Possediamo il resoconto di un testimone oculare, Gabriele de Mussis, un notaio piacentino che si trovava in città dall'anno precedente, e che vale la pena riportare perché offre un chiaro esempio di guerra batteriologica *ante litteram*. I tartari non si erano mai distinti nell'arte ossidionale e

[1] Michele di Piazza, *Historia Secula ab anno 1337 ad annum 1361,* in A. Corradi, *Annali delle epidemie occorse in Italia dalle prime memorie fino al 1850*, Bologna 1865.

anche in quell'occasione non erano in grado di espugnare le mura della città, dove si era rifugiata la popolazione delle località circostanti. Avevano così puntato al blocco per fame, ma neanche quella soluzione si era dimostrata efficace: la mancanza di una flotta impediva agli assedianti di intercettare anche l'afflusso dei rifornimenti dal mare.

In questo momento l'epidemia colpì i tatari. L'intero loro esercito fu colto dal panico e ogni giorno erano in migliaia a morire. Agli accerchiati sembrò come se dal cielo fossero scagliati dardi di vendetta che tenessero a freno la spavalderia dei nemici. Dopo poco tempo questi mostravano nei loro corpi proprio i sintomi caratteristici, vale a dire umori raggrumati alle giunture e agli inguini. Quando a tutto ciò faceva seguito la febbre della putrefazione morivano e i medici non erano in grado di offrire loro né consiglio né aiuto. Quando i tatari, indeboliti dalla battaglia e dalla peste, sgomenti e completamente allibiti dovettero prendere atto che il loro numero si faceva sempre più esiguo e riconobbero di essere in balia della morte senza speranza alcuna di salvezza, legarono i cadaveri su catapulte e li lanciarono così all'interno della città di Caffa perché tutti morissero di quella peste insopportabile. Si vedeva come i cadaveri che essi avevano lanciato si ammucchiavano gli uni sugli altri fino a formare delle montagne. I cristiani non potevano né portarli via né fuggire davanti a loro.

La salvezza sembrava possibile solo gettando nelle acque del mare i cadaveri che precipitavano. Tuttavia l'aria fu ben presto ammorbata e così anche l'acqua, avvelenata da quella putrefazione pestilenziale. Si diffuse un tale puzzo che di migliaia di uomini solo uno fu ancora in grado di lasciare l'esercito e tentare la fuga. Anche lui portò con sé la peste, trasmettendone ovunque il veleno, e bastava che qualcuno lo vedesse perché il morbo contagiasse luoghi e persone.[2]

[2] Citato da Klaus Bergtolt, *La peste nera e la fine del Medioevo*, Milano 1997.

In realtà, appare difficile pensare che gli assedianti, una volta decimati dalla pestilenza, avessero pensato a trasmetterla agli assediati. Prima preoccupazione del khan sarebbe stata, piuttosto, levare le tende e allontanarsi dal luogo in cui il morbo aveva aggredito la sua armata. Di solito è questo che fa un esercito vittima di una pestilenza: se ne va altrove.

È più probabile, invece, che i mongoli abbiano scagliato alcuni cadaveri all'interno delle mura per provocare un'epidemia con la semplice presenza di cadaveri per le strade. Non sarebbe stata la prima volta, d'altronde; gli eserciti assedianti tendevano a usare le catapulte anche per scagliare carogne di animali oltre gli spalti. Probabilmente l'espediente fu messo in pratica quando ancora i tatari non sapevano di essere stati aggrediti dal morbo, che dovette diffondersi nelle loro file nello stesso momento in cui iniziò a raggiungere gli abitanti della città.

Il notaio, che poi riuscì a salvarsi e a raggiungere l'Italia, ci informa che in quel tempo la malattia si era diffusa più a Oriente, dalla Persia alla Mesopotamia, dall'Etiopia all'Egitto, fino all'area orientale del Mediterraneo; a Costantinopoli, capitale dell'impero bizantino, le prime vittime si ebbero già in estate.

La minaccia arriva dall'Oriente

Ma in realtà è ancor più indietro e più a Oriente che dobbiamo risalire: alla costituzione dello sterminato impero mongolo di Gengis Khan (1162-1227), per la precisione. Quella sorta di *pax romana* introdotta in zone secolarmente divise in comunità relativamente chiuse, spesso in guerra tra loro, aveva infatti favorito l'intensificarsi del movimento carovaniero, offrendo a mercanti e viandanti la possibilità di percorrere lunghe distanze senza correre il rischio che il loro viaggio fosse interrotto da aggressioni o incidenti: le peregrinazioni di Marco Polo non sarebbero mai state possibili, solo un secolo prima.

Nel periodo di massimo potere (1279-1350) gli imperi mongoli comprendevano l'intera Cina e quasi tutta la Russia (solo la lontana Novgorod restava indipendente) nonché l'Asia centrale, l'Iran e l'Iraq. [...] L'antica Via della Seta fra la Cina e la Siria attraversava i deserti dell'Asia centrale passando da un'oasi all'altra. Ora, oltre a questo vecchio itinerario, le carovane, i soldati e i corrieri postali percorrevano a cavallo l'aperta prateria. Essi crearono una rete umana che copriva un vasto territorio, e che univa i quartieri generali mongoli di Karakorum con Kazan' e Astrachan' sul Volga, con Caffa in Crimea, con Khanbaliq in Cina e con innumerevoli altri caravanserragli situati lungo il percorso. Da un punto di vista epidemiologico, l'estendersi verso il nord della rete commerciale carovaniera ebbe una conseguenza di grande rilievo. I roditori selvatici delle steppe entrarono in contatto con i portatori di nuove malattie, fra le quali, con ogni probabilità, la peste bubbonica. Nei secoli successivi alcuni di questi roditori diventarono cronicamente infetti dalla *Pasteurella pestis*. Le loro tane fornivano un microclima adatto alla sopravvivenza del bacillo della peste in ogni stagione, nonostante il rigore degli inverni sia in Siberia che Manciuria. Di conseguenza gli animali e gli insetti che abitavano queste tane vennero a costituire una complessa comunità nell'ambito della quale la peste poteva perpetuarsi indefinitamente, come infatti avvenne.[3]

[3] William McNeill, *op. cit.*, p. 138.

Molto probabilmente la peste era stata endemica nelle zone dell'Himalaya fin dai primi secoli dell'èra volgare, lungo il confine tra Cina e India; ma solo negli anni Venti del XX secolo, grazie allo studio di una squadra internazionale di epidemiologi in Manciuria, dove il morbo infuriava, si scoprì che da un certo momento in poi erano stati i roditori scavatori delle steppe euroasiatiche i principali veicoli del morbo. Il bacillo della peste era stato isolato neanche un trentennio prima, nel 1894, nel corso di una epidemia scoppiata a Hong Kong, da un batteriologo giapponese, Kitasato Shibasaburō, e da uno francese, Alexandre Yersin, che lo denominarono *Yersinia* o *Pasteurella pestis*. E fu solo nel decennio successivo che divenne chiaro che il vettore del bacillo dai roditori agli uomini era la pulce.

Allora il problema era tornato prepotentemente d'attualità: dall'introduzione delle navi a vapore, la vastità degli oceani si era di fatto ridotta, favorendo trasferimenti transoceanici dei roditori nelle stive delle navi e la loro sopravvivenza da un porto all'altro, cosa molto più difficile all'epoca della navigazione a vela. Nei focolai asiatici la popolazione umana era arrivata ad adottare dei modelli di comportamento che la preservavano dalla diffusione del bacillo – grazie a superstizioni locali che altro non erano se non sistemi per evitare il contatto coi roditori – ma che vennero meno col crollo dell'impero Manciù.

Dall'altra parte del mondo, dopo la "peste di Giustiniano" il morbo non dovette trovare una nicchia ecologica stabile e duratura per perpetuarsi, come invece avrebbe fatto a partire dal 1346. Se l'ultima menzione della peste in Europa nell'Alto Medioevo risale al 767, dopo la "peste nera" la malattia divenne pressoché endemica, e si può dire che fino al XVIII secolo non vi fu individuo europeo che avesse raggiunto i trent'anni senza essere passato attraverso almeno un evento pestilenziale.

I mongoli che abbiamo visto protagonisti a Caffa erano arrivati nelle sedi himalayane un secolo prima, in particolare in Birmania e nello Yunnan, nel 1252-1253. Quindi i loro cavalieri, rapidi negli spostamenti ben più dei mercanti e di tutti gli altri eserciti almeno quanto lo sarebbero state le navi a vapore rispetto a quelle a vela, erano stati l'inconsapevole veicolo del bacillo, raccolto nelle sedi originarie a causa del mancato rispetto delle superstizioni locali che, come in Manciuria secoli dopo, avrebbe portato a una diffusione più ampia di un morbo localmente cronico.

Ratti e roditori avranno facilmente trovato ospitalità nelle bisacce appese alle selle o nei carri stipati del bottino delle razzie di questi predatori umani, capaci di superare velocemente barriere naturali, come fiumi e montagne, fino ad allora ostacolo per gli spostamenti ad ampio raggio. I portatori della peste giunsero così in Mongolia e in Manciuria, dove il bacillo divenne altrettanto endemico. Tuttavia esso non impedì ai mongoli di conquistare la Cina e di favorire lo sviluppo della prospera civiltà che Marco Polo avrebbe ammirato. Solo a partire dal 1331, secondo le fonti, un'epidemia scoppiata nella provincia di Hopei giunse a sterminare i nove decimi della popolazione e nei decenni seguenti si ripresentò di frequente, determinando uno stato di disordini e decadenza, fino all'instaurazione della nuova dinastia Ming nel 1368.

Da tutto questo ne consegue che dalla Mongolia o dalle sedi originarie di Yunnan e Birmania, il bacillo ha aggredito la Cina nel 1331, per poi trasferirsi nell'arco di un quindicennio, attraverso le vie carovaniere e i cavalieri mongoli, fino in Crimea e di lì, da un porto all'altro, ancor più a Occidente.

La peste poteva propagarsi da una comunità di roditori all'altra, come sarebbe avvenuto secoli dopo, perfino negli Stati Uniti, ma con tempi molto più lunghi: se la sua diffusione, allora, divenne tanto rapida, fu proprio perché il veicolo era l'uomo: un'ulteriore conferma potrebbe essere la testimonianza di un'epidemia locale di peste bubbonica in una comunità nestoriana in Asia centrale di commercianti già negli anni 1338-1339.

Inoltre, un fattore essenziale fu proprio la saturazione demografica che l'Europa, dopo cinque secoli senza pestilenze, aveva raggiunto in quel torno di tempo. La deforestazione in favore dello sviluppo delle zone agricole non era sufficiente a soddisfare le esigenze di nutrimento della popolazione delle campagne, sempre più numerosa e costretta a cercare sostentamento nelle città; e l'urbanizzazione, al contempo, inducendo le persone ad ammassarsi in spazi sempre più ristretti, a scapito dell'igiene e della sicurezza, aveva favorito la creazione di un ambiente più invitante per i roditori. Per giunta, anche nel contado la tendenza all'aggregazione si era andata accentuando a seguito proprio del diboscamento che, con la conseguente diminuzione della legna a disposizione, spingeva la gente a riscaldarsi la notte accostandosi gli uni agli altri.

E poi, era da poco iniziata una grande guerra. Una delle più celebri battaglie dell'età medievale era stata appena combattuta sul suolo francese. Abbiamo già visto come un conflitto sia sempre la più efficace delle condizioni per favorire il diffondersi di una pestilenza. Scorrerie e incursioni, più ancora delle battaglie campali, avevano reso malsicure le campagne, provocando carestie e inducendo altra gente a cercare rifugio nelle città, dove gli ex braccianti andavano a ingrossare le file dei disoccupati e dei mendicanti, o a lavorare come artigiani per salari da fame a causa dell'abbondanza di manodopera.

«Allora il mondo della cristianità era implicato in ben cinque guerre: Smirne contro i turchi, il re inglese contro la Francia, quello ungherese in Puglia, il re di Boemia, nonché eletto imperatore romano, contro la Baviera e il tribuno romano in fuga verso la Puglia, inseguito dai patrizi. Il genere umano era così colpito e sapeva di non poter cambiare nulla di ciò che Dio faceva perché l'uomo imparasse di nuovo il timor di Dio», scrivevano i fratelli padovani Cordusio[4] nella loro cronaca per l'an-

[4] Citati in Ludovico Antonio Muratori, *Rerum Italicarum Scriptores*, Milano 1728-31, vol. XII, coll. 926.

no 1348. Essi facevano riferimento, rispettivamente, alle lotte per la sopravvivenza dell'impero bizantino contro i turchi, alla Guerra dei cent'anni, all'ascesa di Carlo IV di Boemia al trono imperiale a scapito della casata di Baviera, e alle gesta di Cola di Rienzo, a capo della repubblica romana durante il periodo di trasferimento del papato ad Avignone. In Italia in particolare, forti erano le frizioni tra Genova e Venezia, mentre sulla terraferma Verona, Milano e Firenze si stavano affermando come i poli principali dei potentati in cui la penisola sarebbe rimasta divisa per secoli, e al sud il pur recente dominio angioino era già in una fase di decadenza.

La Guerra dei cent'anni

Con la conquista normanna dell'Inghilterra, si venne a delineare una situazione paradossale che non avrebbe potuto non creare una conflittualità insormontabile tra i duchi di Normandia e i loro signori feudali, ovvero i re di Francia. Era fatale che, prima o poi, uno dei due monarchi approfittasse del legame che li contraddistingueva, rinsaldato ulteriormente da intrecci dinastici, per rivendicare una superiorità e delle pretese su ciò che spettava all'altro.

Dai tempi in cui si erano insediati in Normandia, con il beneplacito dei re francesi, dapprima Carolingi e poi Capetingi, i vichinghi ne avevano fatta, di strada, fino a ritagliarsi proprio un regno in Inghilterra, pur mantenendosi vassalli dei sovrani francesi per quanto concerneva i loro possedimenti sul continente. Ma anche i Capetingi erano cresciuti non poco, dai tempi in cui si barcamenavano tra i grandi baroni francesi cercando di salvaguardare un titolo poco più che teorico e il possesso di un territorio ben più piccolo di quello di tanti loro vassalli; Filippo Augusto aveva reso finalmente effettivo il potere della casata, riducendo drasticamente il controllo inglese sul continente, che con suo figlio Luigi VIII si era ridotto alla sola Guascogna. Con Filippo IV il Bello, poi, all'inizio del XIV secolo, la monarchia francese portò a compimento il processo di centralizzazione del potere su quel mosaico di potentati di cui era andata progressivamente assumendo il controllo, mettendo perfino le mani sul papato, che espresse pontefici francesi e si trasferì perfino Oltralpe, ad Avignone, per ben settant'anni.

Ma anche la dinastia dei Plantageneti, dopo aver superato una serie di guerre civili, non se la passava poi tanto male. L'energica azione di Edoardo I, a cavallo tra XIII e XIV secolo, se non era valsa all'Inghilterra il recupero dei possedimenti continentali, aveva però portato al consolidamento del controllo sull'isola, procurando alla corona le preziose riserve militari del Galles e dell'Irlanda. Inoltre, l'Inghilterra era una nazione più moderna della Francia, pienamente fondata, quest'ultima, sul diritto feudale e sull'assolutismo della corona, che manteneva una profonda stratificazione delle classi sociali. Nel regno inglese, al contrario, l'ascesa dei ceti mercantili e il peso del commercio nell'economia aveva finito per cementare la collaborazione tra le classi sociali, creando una società più dinamica e una monarchia più costituzionale, nella quale il re doveva necessariamente tener conto dell'orientamento dell'aristocrazia, che a sua volta era tenuta a dialogare con i nuovi ricchi.

Tale differenza si rifletteva, in campo militare, nell'adozione, da parte della corona inglese, di un sistema di reclutamento di carattere "contrattuale", molto flessibile e dal quale scaturiva una forza combattente professionale; al contrario, in Francia il sovrano era costretto a basarsi sugli obblighi feudali dei cavalieri, sulla leva della fanteria e sulle milizie cittadine, spesso tutt'altro che affidabili e approssimativamente addestrate.

Contrasti seguiti da operazioni militari si ebbero tra i due regni a partire dagli ultimi anni del XIII secolo, mentre l'Inghilterra era impegnata nella repressione della rivolta condotta in Scozia da William "Braveheart" Wallace. Lo stato di belligeranza si rinnovò nel quadriennio 1324-1327, sotto Edoardo II, per poi assumere una forma pressoché costante a partire dal 1337 e fino al 1453. Nel corso di questo lungo periodo, frequenti furono tuttavia le pause, le tregue e almeno tre le paci che determinarono per diversi anni un'interruzione delle ostilità, permettendoci così di individuare almeno tre distinti conflitti. A ogni modo, dal XIX è invalso l'uso di racchiudere questi centosedici anni in un'unica denominazione, "Guerra dei cent'anni", che col passare del tempo andò assumendo sempre più un carattere internazionale, sia per gli scacchieri investiti che per i soldati impiegati, provenienti da tutt'Europa.

Possiamo individuare tre categorie di fattori determinanti. Quelli politici, innanzitutto. Nella prima metà del XIV secolo c'era un vuoto di potere, in Europa, determinato dal declino dell'impero e dal discredito del papato, e due Stati, Inghilterra e Francia, in grande ascesa, che ambivano a ritagliarsi una posizione dominante sul continente. Inoltre, le ostilità tra Scozia e Inghilterra, nonostante il riconoscimento dell'indipendenza scozzese sotto Edoardo II, non accennavano a diminuire, e l'asse venutasi a creare tra regno scozzese e quello francese in funzione anti-inglese manteneva alto il livello di tensione.

C'erano poi i fattori economici, incentrati sui ricchi mercati delle Fiandre, verso i quali confluiva gran parte della lana esportata dall'Inghilterra; dopo i primi decenni del XIII secolo i territori fiamminghi erano finiti nell'orbita francese, e l'Inghilterra aveva tutto l'interesse a modificare la situazione. A ciò, si aggiungevano le ricche rendite che il re inglese doveva a quello francese in quanto vassallo dei territori sul continente, denaro che i Plantageneti avrebbero preferito impiegare in tutt'altro modo.

Infine, c'erano i fattori umani, legati ai diritti feudali, agli intrecci dinastici e al prestigio. Tali fattori si concentravano tutti su un personaggio, Edoardo III. In quanto figlio del re inglese Edoardo II e della figlia di Filippo IV di Francia, nonché sorella del re Carlo IV, Isabella, quest'uomo era una polveriera vivente. A tredici anni, nel 1325, era duca d'Aquitania, con relativo omaggio e tributo a Carlo IV; due anni dopo succedeva al padre quale re d'Inghilterra.

Alla morte del re francese si aprì una crisi dinastica, poiché il sovrano appena deceduto lasciava una bambina, che in forza della legge salica non poteva ascendere al trono. Il primo a rivendicare la corona fu lo zio di quest'ultima, Filippo di Valois, nipote di Filippo IV il Bello. La ottenne, ma subito arrivarono rivendicazioni dall'Inghilterra; poca cosa, allora, perché Edoardo e Isabella non avevano i mezzi per fare la voce grossa, e preferirono, per il momento, fare atto di sottomissione per l'Aquitania, come richiesto dal nuovo re.

Poi, ristabilita la concordia, i due sovrani si diedero a preparare una nuova crociata, che avrebbe dovuto vedere Filippo come leader. Tuttavia, se l'Aquitania costituiva per i Plantageneti una preziosa testa di ponte da cui lanciare potenziali attacchi alla Francia, essa era anche l'elemento che "degradava" il re inglese a semplice vassallo della corona francese. Era sufficiente anche un labile pretesto perché le pretese dinastiche di Edoardo tornassero in auge, e questo fu offerto da due personaggi che, trovandosi nel posto sbagliato al momento sbagliato, alimentarono il fuoco sotto la cenere. Uno di questi era David Bruce, il figlio del re di Scozia vincitore di Bannockburn, il quale, sconfitto ad Halidon Hill nel 1332, aveva trovato asilo presso il re di Francia; l'altro fu Roberto di Artois, vassallo della corona francese che, bandito dal regno, si era rifugiato in Inghilterra. Entrambi spinsero il rispettivo ospite a sostenere le proprie rivendicazioni, col risultato che Filippo confiscò parte dei possedimenti dei Plantageneti sul continente; a sua volta Edoardo, il 1° novembre 1337, per togliere validità agli atti dell'avversario e sottrarsi alla scomoda posizione di vassallo, disconobbe il suo ruolo di sovrano e pretese per sé la corona di Francia.

Dopo nove anni di schermaglie, era la guerra. Dalle parole, si passò subito ai fatti già l'11 dello stesso mese, con l'occupazione inglese dell'isola di Cadsand, che Luigi di Fiandra, alleato di Filippo, aveva occupato poco prima per ostacolare le comunicazioni inglesi con le Fiandre. Contestualmente, Edoardo si mosse bene sotto l'aspetto diplomatico, conquistandosi l'appoggio dell'imperatore e di parte delle Fiandre, che poté ricattare minacciando l'interruzione dell'esportazione della lana. Quindi strinse i tempi per l'invasione, che mise in atto nel 1339, senza però raccogliere nulla di significativo. L'anno seguente, il Plantageneto prese a fregiarsi del doppio titolo di re di Francia e d'Inghilterra, aggiungendo i gigli sul suo stendardo col leone; tuttavia, sebbene la nuova campagna fosse stata inaugurata dalla strepitosa vittoria navale di Sluys, che regalò agli inglesi il controllo della Manica nei decenni a venire, il re si impantanò nell'assedio di Tournai e quando arrivò la fine dell'estate fu costretto a firmare una tregua.

Il conflitto, in seguito, si concentrò in Bretagna, dove due partiti si contendevano l'eredità del duca; gli aiuti di Edoardo permisero ai Montfort di prevalere contro i Blois appoggiati da Filippo, ma ciò non portò vantaggi al re inglese, che dovette firmare una nuova tregua triennale dopo un'altra campagna inconcludente. Il papa cercò di mettere d'accordo i due contendenti, ma nessuno rinunciò alle proprie posizioni, e le operazioni ripresero nel corso del 1345, quando gli inglesi tornarono a espandere la loro sfera di controllo in Aquitania. Filippo si sentì costretto a reagire e, dopo aver mobilitato le truppe disponibili nella Francia meridionale, le affidò al duca di Normandia Giovanni, suo figlio e futuro re il quale, nell'aprile 1346, le condusse all'assedio del castello di Aiguillon sulla Garonna, che gli inglesi avevano espugnato poco prima.

Edoardo salpò con un'armata l'11 luglio 1346 puntando sulla Guascogna per liberare il caposaldo, ma lungo la Manica si fece persuadere da un rifugiato normanno che la Normandia era sguarnita di truppe e costituiva quindi l'approdo ideale per iniziare la campagna. Pertanto il 12 gli inglesi presero terra a La Hogue, sulla penisola del Cotentin.

Due settimane dopo gli inglesi entrarono a Caen, che sottoposero a saccheggio, ma poi Edoardo ebbe la sgradita sorpresa di scoprirsi abbandonato dalla flotta, sulla quale intendeva caricare feriti e bottino; i suoi equipaggi, infatti, invece di spostarsi come concordato, se ne erano tornati in Inghilterra con le navi.

La campagna non poteva iniziare sotto auspici peggiori. A quel punto, l'unica strategia possibile parve al re inglese raggiungere il settentrione, dove avrebbe potuto ritrovare delle salde linee di comunicazione presso gli alleati fiamminghi. Ma a pochi giorni di marcia dal confine fu costretto a fermarsi presso Crécy e ad affrontare l'esercito inseguitore di Filippo. Gli inglesi si disposero in tre battaglie di uomini d'arme appiedati (di cui una affidata al figlio del re, il futuro Principe Nero), intervallate da ali trasversali di arcieri e protette in prima linea da buche e pali appuntiti.

I francesi vennero a conoscenza solo all'ultimo della presenza inglese ed erano ancora incolonnati in un lungo convoglio quando iniziarono ad attaccare le solide posizioni nemiche. Partirono per primi i balestrieri genovesi, che però furono sopraffatti dalla maggiore gittata dell'arco lungo inglese. La loro rotta ritardò e rallentò la carica dei cavalieri e seminò lo scompiglio tra i ranghi francesi. Alla fine i cavalieri partirono all'attacco già scompaginati, ed Edoardo li aggredì con un distaccamento di cavalleria. Caddero entrambi i comandanti delle battaglie francesi, costringendo i loro uomini a ripiegare. Giunse allora la terza battaglia di Filippo, che riordinò i ranghi dei fuggitivi e condusse nuovi attacchi. Ma si trattava di azioni sterili, che si esaurirono col calare del buio. I francesi si ritirarono lasciando sul campo forse diecimila caduti, tra cui personaggi illustri come Giovanni di Boemia, i conti di Fiandra, di Alençon e di Blois e il duca di Lorena; Edoardo perse dai duecento a un migliaio di uomini.

Il successo consentì al re inglese di procedere indisturbato fino a Calais, che costituiva la chiave per il controllo della Manica. I francesi non furono in grado di allestire alcuna forma di reazione per tutto il periodo in cui gli inglesi tennero sotto assedio la roccaforte portuale, contro la quale, pare, Edoardo impiegò fin dall'inizio dei cannoni, testati contro la Scozia ma allora impiegati per la prima volta contro i francesi. La città finì per cedere un anno dopo, il 4 agosto 1347, e il suo possesso, oltre a regalare ai Plantageneti una preziosa base attraverso la quale far passare truppe e commerci sul continente, precluse, per i due secoli nei quali fu in mano inglese, qualunque tentativo di invasione dell'isola; e questo risultato, più della vittoria campale, rese la campagna di Crécy la più soddisfacente compiuta da Edoardo dall'inizio della guerra. Inoltre, poiché solo due mesi dopo Crécy gli scozzesi, con la sconfitta di Neville's Cross, avevano cessato di essere un problema per gli inglesi, la Francia dovette prendere atto di aver perso ben più di una battaglia campale e di una roccaforte, e si sentì indotta a firmare una tregua il 28 settembre 1347, che sancì la chiusura della prima fase del conflitto: una fase, sebbene largamente interlocutoria, inequivocabilmente favorevole ai Plantageneti.

Tuttavia, nessuno dei due contendenti aveva ragione di ritenersi soddisfatto di come erano andate le cose e, soprattutto, Edoardo non aveva affatto accantonato le proprie rivendicazioni sul trono di Parigi. Ma l'intervento della peste frenò ogni istinto di rivalsa almeno fino al 1355, quando sarebbero ricominciate le scorrerie inglesi sul suolo francese. Negli anni in cui il morbo imperversò, la sola Inghilterra, ed è uno dei pochi dati accertati in modo meno aleatorio, avrebbe perso tra il venti e il quarantacinque percento della sua popolazione.

I sintomi

La famigerata pulce dei roditori (*Xenopsylla Cheopis Roth*) tende a passare all'uomo una volta morti ratti e roditori infetti su cui ha trovato ospitalità; ma anche la pulce dell'uomo (*pulex irritans*) può essere infettiva. In linea di massima, le pulci si disinteressano di molte specie animali, anche di quelle che vivono accanto all'essere umano, oppure, nei casi di cani e gatti, rimangono annidate nella loro pelliccia senza necessariamente trasmettersi all'uomo. Ma possono sopravvivere un mese anche senza un ospite, annidandosi ovunque, dai vestiti ai giacigli alle fessure: solo il freddo al di sotto dei 10° Celsius è in grado di metterle fuori combattimento; in tal caso, cadono in uno stato di rigidità, come se andassero in letargo. Per questo, osserviamo che durante la peste nera l'acme della diffusione fu in autunno, quando le pulci si riproducevano, e in primavera, quando si risvegliavano, infettando i ratti e abbandonandoli per passare sull'uomo dopo averli uccisi. In un organismo umano o animale il bacillo della peste ostruisce i vasi capillari causando emorragie ed edemi nel tessuto, portando quindi a un'insufficienza circolatoria che prelude allo shock setticemico.

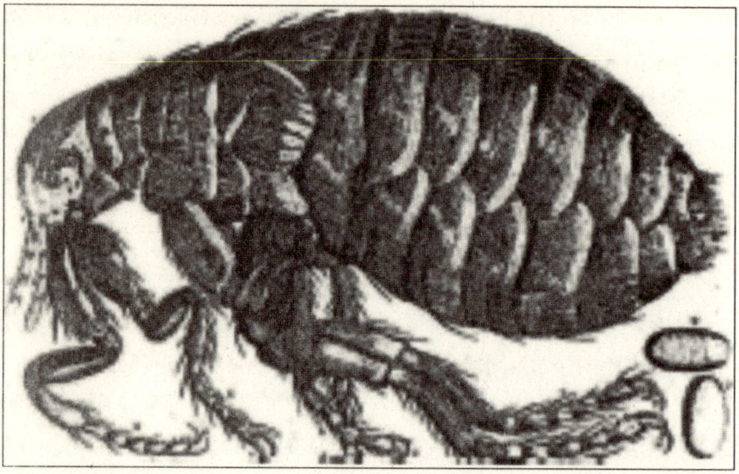

Una pulce al microscopio (incisione da F Buonanni, Observationes circa viventia, 1691).

L'immagine classica che noi moderni abbiamo della peste è legata alla presenza dei bubboni, in particolare all'inguine e sotto le ascelle. Ma tale circostanza si verifica solo con la trasmissione per via cutanea a seguito del morso della pulce, più spesso a livello delle gambe o delle braccia, in corrispondenza del quale si forma una pustola o un'ulcera. Dopo un periodo di incubazione di due-sette giorni i linfonodi regionali (appunto inguinali o ascellari) si rigonfiano determinando una tumefazione molle e dolente, di colore blu scuro (il bubbone). La malattia può evolvere con il passaggio dell'agente patogeno nel sangue (peste setticemica) con febbre, brividi, sintomi gastro-intestinali, lesioni cutanee, cefalea, delirio e morte. Ma il contagio può avvenire anche per via aerea, attraverso le goccioline diffuse dalla tosse, ed in questo caso si possono avere polmonite, pleurite, sindrome da stress respiratorio ed asfissia. Talvolta comunque la peste bubbonico-setticemica diventa anche polmonare accelerando il decorso della malattia.

Il periodo di incubazione, in tal caso, non supera i due giorni, dopo i quali, a causa della paralisi nervosa e del deperimento del tessuto polmonare, si manifestano segni di asfissia: «Quanti valorosi uomini [...] la mattina desinarono co' loro parenti, compagni e amici, che poi la sera seguente appresso nell'altro mondo cenarono con i loro passati!», scrive Boccaccio nel *Decameron*[5].

L'Italia sotto attacco

Dopo la Sicilia, nel corso del 1348 la tappa successiva del bacillo furono le città portuali delle coste italiche su entrambi i versanti, adriatico e tirrenico. Vittime fioccarono in particolare nelle repubbliche marinare, Venezia, Pisa e Genova. In quest'ultima città, si arrivò a gettare fiaccole incendiarie per impedire l'attracco alle navi mercantili provenienti dall'Oriente, e alcuni equipaggi finirono per morire alla deriva. Poi toccò alle zone più interne: a Bobbio ci fu una spaventosa moria subito dopo il giorno di mercato. Dell'azione

[5] Qui e in seguito le citazioni dal *Decameron* provengono dall'edizione a cura di R. Marrone, Roma 2010.

del morbo a Piacenza, dove un genovese affetto dalla piaga andò a farsi curare, è ancora De Mussis a parlarci:

> Ovunque si levavano pianti e lamenti. Vedevo come in certi giorni fossero portati per le vie il vessillo con la croce e il corpo di Cristo, ripetutamente, ma nonostante ciò il numero delle sepolture non accennava a diminuire. La morte mieteva vittime ed era così crudele che gli uomini potevano a malapena respirare. Quelli che erano ancora in vita non facevano altro che prepararsi alla propria sepoltura. E siccome veniva a mancare il terreno per le tombe si era costretti a scavare delle fosse anche sotto i portici e le strade dove mai prima di allora vi erano stati dei sepolcri.

Si moriva soli, perché nessuno osava accudire i parenti malati. Da Piacenza, il contagio si estese alla pianura padana, risparmiando incredibilmente Milano, rapida ad adottare misure restrittive verso l'esterno chiudendo per tempo le porte (ma che avrebbe pagato dazio tre secoli dopo). Altrove però fu una falcidia. Petrarca ci segnala la strage a Verona, «ch'essa non sarà più mai quale la videro gli occhi nostri nei tempi andati», come scrisse in una lettera al Boccaccio. E a un amico che gli chiedeva se conoscesse una medicina efficace contro il morbo, rispose: «Chiedine agli storici, si taccion: domandane ai fisici, stupiscono; interroga i filosofi; si stringono nelle spalle, inarcan le ciglia, e messo il dito sul labbro intìman silenzio».

Boccaccio e la peste di Firenze.

A Pisa arrivarono a morire anche cinquecento cittadini al giorno, tra primavera e settembre. A Siena, nello stesso periodo, il calzolaio e cronista Agnolo di Tura, che vi perse cinque figli, scrive che «in effetto la mortalità fu tanto oscura, grande, e orribile, che non sarebbe penna, che la potesse scrivere; e trovossi, che moriro in Siena, e ne' Borghi dentro alla Città in questo tempo più di LXXX mila persone»[6]. E probabilmente tra costoro ci sono da annoverare anche Ambrogio e Pietro Lorenzetti, la cui scomparsa, unitamente al crollo degli introiti fiscali per la morte di gran parte della popolazione, bloccò la costruzione del duomo. Né andò meglio a Pistoia, nono-

[6] In Ludovico Antonio Muratori, *op. cit.*, vol. XV, coll. 123 s.

stante il tempestivo tentativo, da parte delle autorità, di non far entrare i forestieri.

Per Firenze, che perse il trenta percento della sua popolazione, abbiamo una ricca messe di fonti coeve, e in particolare un testimone d'eccezione: Giovanni Boccaccio, che ce ne riferisce nell'introduzione del suo *Decameron*, dove un gruppo di persone aristocratiche si trasferiscono in una villa di campagna proprio per sfuggire al contagio e distrarsi con una serie di passatempi. L'autore ci parla di un imbarbarimento generale della popolazione e del cambiamento della mentalità, che portò all'indifferenza per la morte altrui, ricordando «risa e motti a festeggiar compagnevole», nei banchetti funebri, prima che venissero sospesi. «Era la cosa pervenuta a tanto, che non altrimenti si curava degli uomini che morivano, che ora si curerebbe le capre». E ancora: «Altri [...] affermavano il bere assai il godere e l'andar cantando attorno e sollazzando e il soddisfare d'ogni cosa allo appetito che si potesse e di ciò che avveniva ridersi e beffarsi essere medicina certissima a tanto male».

In generale, secondo l'autore del *Decameron*, si pensava solo a sé stessi: «Alcuni [...] non curando d'alcuna cosa se non di sé, assai e uomini e donne abbandonarono la propria città, le proprie case, i lor luoghi, e i lor parenti e le lor cose».

La peste si portò via anche il cronista Giovanni Villani, cui dobbiamo una delle più preziose e dettagliate cronache trecentesche; fu suo fratello Matteo a continuare la sua opera, nella quale troviamo scritto: «E morì tra nella città, contado e distretto di Firenze, d'ogni sesso e di catuna età de' cinque i tre, e più, compensando il minuto popolo e i mezzani e' maggiori, perché alquanto fu più menomato, perché cominciò prima, ed ebbe meno aiuto, e più disagi e difetti»[7].

Un altro importante cronista, Marchionne di Coppo Stefani, ci informa di quale effetto avesse prodotto la penuria di medici: «Medici non si trovavano, voleano smisurato prezzo in mano innanzi che intrassero nella casa, ed entratovi, tocavano il polso col viso volto adietro». E almeno costoro venivano accuditi, in qualche modo. Ma «moltissimi ne morirono che non fu chi li vedesse, e molti ne morirono di fame, imperocché come uno si ponea in sul letto malato, quegli di casa sbigottiti gli diceano: "Io vo per lo medico" e serravano pienamente l'uscio da via, e non vi tornavano più. Costui abbandonato dalle persone e poi da cibo, ed accompagnato dalla febbre si venia meno»[8]. E Boccaccio rimarca lo stesso concetto: «E lasciamo stare che l'uno cittadino l'altro schifasse e quasi niuno vicino avesse dell'altro cura e i parenti insieme rade volte o non mai si visitassero e di lontano [...]. Per la qual cosa a coloro, de' quali era la moltitudine inestimabile, e maschi e femine che infermavano, niuno altro subsidio rimase che o la carità degli amici (e di questi fur pochi) o

[7] Filippo Villani, *Croniche di Giovanni, Matteo e Filippo Villani, secondo le migliori stampe. Testo in lingua*, Trieste 1857-1858.

[8] Marchionne di Coppo Stefani, *Cronaca fiorentina*, a cura di N. Rodolico, Città di Castello 1903-1955 («*Rerum italicarum scriptores*», t. XXX, p. I).

l'avarizia de' serventi, li quali da grossi salari e sconvenevoli tratti servieno».

Pare che la carne di pollo fosse considerata una profilassi contro la peste (ma in Francia, al contrario, era fortemente sconsigliata), pertanto il suo prezzo salì alle stelle così come accadde con zucchero, uova e pane, ma anche con la cera, per via del grande aumento di offerte votive e quindi di candele. Al contrario, fu proibito l'approvvigionamento della frutta deperibile, che si riteneva contribuisse a peggiorare la qualità dell'aria; per lo stesso motivo, furono creati funzionari addetti alla rimozione dell'immondizia dalle strade.

A Firenze come altrove sorse un business sulle bare ma anche sugli abiti funebri, i cui prezzi decuplicarono. E anche i frati e i sacerdoti non si facevano scrupoli di lucrare sulle tragedie familiari. Chiese e speziali, peraltro, rimasero aperti, mentre le botteghe artigiane furono chiuse. Gli sforzi delle autorità, tra le quali si dovette abbassare il quorum dei componenti del consiglio del podestà, furono indirizzati a costruire nuovi cimiteri, a bloccare l'afflusso di forestieri in città e, al termine del periodo più veemente, offrire la cittadinanza anche a delinquenti ed esiliati.

In assenza o carenza di medici, prosperavano i sedicenti guaritori. «de' quali, oltre al numero degli scienziati, così di femine come d'uomini senza avere alcuna dottrina di medicina avuta giammai, era il numero divenuto grandissimo», dice ancora Boccaccio, che richiama anche l'attenzione sulla necessità di pagare profumatamente chi si faceva carico di portare via le bare: «La quale questi servizi prezzolati facevano».

La stessa durata e la stessa incidenza si ebbe a Orvieto mentre a Venezia, che il morbo aveva raggiunto fin dal febbraio 1348, si parlò di un terzo della popolazione scomparsa nella tragedia.

Scrive un testimone, Lorenzo De Monacis:

> Fin dall'inizio la peste strappò via, nell'arco di pochi giorni, eminenti personalità, giudici e funzionari che erano stati eletti membri del Maggior Consiglio e poi anche quelli che erano loro subentrati nella carica. Nel mese di maggio si registrò un tale inasprimento dell'epidemia che divenne contagiosa al punto che piazze, cortili, tombe e cimiteri non riuscivano più a contenere i cadaveri. Molti furono sepolti lungo le vie, alcuni sotto le loro case. Molti morirono senza che nessuno fosse loro accanto e il puzzo dei cadaveri si diffondeva dalle case abbandonate. Nessuna fiamma naturale sarebbe stata in grado di avvolgere o bruciare cose unte, vicine le une alle altre, nello stesso modo in cui invece questa peste distruggeva e devastava tutto quello che incontrava. Nessuno poteva sfuggire alla morte se era trattenuto accanto a un moribondo. Se qualcuno esalava l'ultimo respiro, ogni cosa veniva invasa da una mortale sostanza contagiosa che non lasciava scampo. Così genitori, figli, fratelli, vicini e amici si abbandonavano reciprocamente al proprio destino. I medici non visitavano più i pazienti ma si davano piuttosto alla fuga.[9]

E poi c'era gente che, dietro pagamento, passava lungo i canali a raccogliere i morti: «Furono prese delle navi e con queste, dietro il pagamento di elevate somme furono fatti portare i cadaveri sulle isole. La città era per così dire abbandonata. Un uomo sfuggì e senza far-

[9] *Laurentii de Monacis Veneti Cretae Cancellarii Chronicon de rebus Venetis ab U.C. ad annum* MCCCLIV, Venezia 1758.

si riconoscere raggiunse Padova dove diffuse il morbo. L'epidemia scoppiò così violenta nella città che un terzo della popolazione morì».

Lo stesso De Monacis sottolinea come nessuno a Venezia si occupasse più della giustizia, e i casti e i morigerati non ricevevano più i sacramenti, al pari dei criminali. In città la situazione era particolarmente difficile perché già dall'anno precedente c'era stato un massiccio afflusso di profughi in cerca di sostentamento. Un terremoto nel gennaio del 1348 li aveva indotti a rimanere, ma solo per essere le prime vittime della peste.

Il 3 aprile una commissione di Savi incaricata dal Maggior Consiglio deliberò che i malati più gravi e gli indigenti fossero confinati sulle isole della laguna. I morti venivano gettati in fosse profonde cinque piedi, e pare che la stessa sorte toccasse ai moribondi. Il governo usava la sabbia nella speranza che il tanfo dei cadaveri sotterrati si attenuasse, ma invano. Dei funzionari vegliavano sul corretto sgombero e trasporto dei deceduti, punendo chi lasciava i cadaveri dei congiunti sulla soglia di casa nella speranza che qualche istituzione caritativa provvedesse alla loro sepoltura.

Tra le soluzioni adottate, si cercò di purificare l'aria col fuoco, e creare nuove fonti di acqua potabile scavando altri pozzi. Ma col tempo la gente iniziò a fuggire, e con essa gli stessi medici, notai e funzionari che avrebbero potuto assicurare il proseguimento della vita civile; solo le *Scholae*, le confraternite benefiche, rimasero in prima linea provvedendo all'assistenza e subendo numerose perdite. Già a fine giugno si era dovuta emettere un'ordinanza che concedeva impunità, esonero dalle imposte e altri privilegi a qualunque immigrato desiderasse ripopolare la città.

La peste arrivò a Bologna a marzo, sterminando studenti e professori della più antica università d'Europa, e a Trento un testimone riferisce che ne morivano cinque su sei: «I cristiani si evitavano a vicenda come la lepre rifugge l'uomo e l'uomo sano il lebbroso».

A Genova si salvò, si disse, solo un abitante su sette e per lungo tempo il consiglio municipale non poté deliberare per la mancanza di numero legale dei componenti. Vi perse la vita anche il doge Giovanni da Murta, e la peste pose la città in condizioni di tale inferiorità da costituire la causa prima della sconfitta subita dalla repubblica a Chioggia nel 1381 a opera dei veneziani.

A Roma toccò affrontare il morbo nell'estate del 1348, quando la città era già spopolata per il trasferimento della sede papale ad Avignone. Ma il giubileo indetto per l'anno 1350 e il conseguente afflusso straordinario di pellegrini rinfocolarono la malattia: il papa, che aveva fissato la ricorrenza sette anni prima, non aveva avuto il coraggio di rinviarla e il bisogno di aggrapparsi al trascendente moltiplicò l'afflusso di devoti, creando in San Pietro una tale ressa che molti, si dice, morirono soffocati.

Grande era il contrasto tra lo straordinario fabbisogno di conforti religiosi e la drastica riduzione delle liturgie e delle modalità di somministrazione dei sacramenti.

Col tempo, la gente puntò a confessarsi quando era ancora sana, prima che i sacerdoti si rifiutassero di farlo per la paura del contagio.

Come sarebbe accaduto in un lontano futuro, ovvero il nostro presente, quindi, l'Italia fu il primo Paese occidentale a essere raggiunto da quella che sarebbe diventata una pandemia. Per questo possediamo descrizioni particolarmente dettagliate dell'azione esercitata dal morbo nelle maggiori città, che si trovarono a fronteggiare nell'arco di pochi mesi una tempesta sconosciuta nelle proporzioni e negli effetti. Le cronache manifestano la meraviglia e lo sgomento, il terrore e la rassegnazione di coloro che ne vennero a contatto, con una ricchezza di particolari che non si riscontra altrove.

Quando il morbo raggiunse gli Stati d'oltralpe, le autorità e la gente erano in certo qual modo preparati ad affrontare quella che si preannunciava come un'aggressione più feroce di qualsiasi esercito di predoni, e in parte avevano preso delle contromisure. Molti adottarono delle forme di quarantena, valendosi dei passi biblici che prescrivevano l'ostracismo per i lebbrosi e trattando gli appestati come tali; fu allora che il periodo di quaranta giorni di isolamento divenne una consuetudine, sebbene non sempre si rivelasse efficace, soprattutto perché nessuno aveva capito la relazione tra la malattia e il ruolo di pulci e ratti. Sarebbe tuttavia passato lungo tempo prima che le norme sulla quarantena venissero istituzionalizzate: le prime città a farlo sarebbero state Reggio Emilia e Ragusa, un trentennio dopo.

Lo stato d'animo della gente della penisola durante l'infuriare della Peste nera è ben delineato dal Petrarca:

Ahimè, che soffro? Dove, a ritroso, mi spinge la violenza dei fati? Vedo passare con precipite fuga il tempo, che segna il dissolversi del mondo, vedo morire attorno a me giovani e vecchi a schiere, e in nessun luogo si apre un rifugio sicuro; in tutto l'universo non si apre un porto tranquillo, non si schiude speranza alcuna della desiderata salvezza. Dovunque volgo gli occhi impauriti, i frequenti funerali li turbano: pieni di fèretri, risuonano di gemiti i templi, e qua e là, senza gli estremi onori, giacciono cadaveri di nobili e plebei. Penso all'ultima ora della vita: e costretto a ricordare le mie venture, richiamo alla mente i tanti amici perduti e i loro affettuosi colloqui, e l'improvviso svanire dei loro dolci volti, e i cimiteri che ormai non bastano alle continue sepolture... Quest'anno pestifero incombe sul genere umano, e minaccia luttuosa strage, e l'aria densissima favorisce la morte. Irato ci guarda Giove dall'infetto cielo: di là piove sulla terra malattie e tristi morti, e le spietate Parche si affrettano a spezzare i fili delle vite umane: tutti se potessero, in una sola volta; e temo che dall'alto sia stato loro concesso di poter ciò che bramano, poiché vedo tanti pallidi visi del misero volgo, tanti che scendono al nero Tartaro. Trepido mentre così medito, lo confesso: e sento l'insidia della morte ormai vicina. Né mare né terra né oscure caverne di monti mi mostrano dove potrei nascondermi fuggendo; poiché tutto vince la morte, che d'impeto irrompe nei malsicuri nascondigli.[10]

La peste tra i due contendenti della guerra

In Francia, la peste partì da Marsiglia, dove la portò una nave cui a Genova era stato impedito di entrare. Nell'arco di breve tempo, la città fu privata di religiosi, notai e medici. Quando arrivò ad Avignone, dove

[10] Francesco Petrarca, *Opere*, a cura di E. Bigi, Milano 1963.

in aprile trovò la morte Laura, la musa del Petrarca, si portò via milleottocento abitanti in tre giorni, per poi dimezzare la popolazione al termine del biennio in cui infierì. Il pontefice Clemente VI adottò numerose misure per preservare la sua curia, isolandola nel palazzo e facendo alimentare continuamente fuochi, o trasferendosi temporaneamente a Valence in un castello sul Rodano, ma non poté impedire la morte del venti percento dei suoi quattrocentocinquanta curiali.

Fu però a Parigi che il morbo mieté il maggior numero di vittime. La città era stata il rifugio di tutti coloro che erano fuggiti dalle scorrerie inglesi e dalle carestie provocate dalla Guerra dei cent'anni, e l'enorme afflusso di profughi indigenti non aveva fatto che peggiorare le condizioni igieniche. Pare che nel periodo di maggior incidenza della peste morissero anche ottocento persone al giorno. Quasi altrettanto letale si rivelò il morbo nelle regioni costiere e settentrionali, in Normandia e in Bretagna, nei cui villaggi sventolava spesso la bandiera nera che contrassegnava la pestilenza. Nelle regioni in cui si era combattuto la gente moriva già di fame, ma non solo: imperversava dall'anno precedente il Fuoco di Sant'Antonio, causato da avvelenamento da alcaloidi nella segale cornuta.

Il morbo fece strage anche a Calais, che gli inglesi avevano occupato l'anno precedente, e da allora in Inghilterra si iniziò a tremare; le comunicazioni con la più recente conquista furono interrotte, ma non quelle con altre zone costiere. La morte sull'isola arrivò dalla

Guascogna, sotto forma di un marinaio che contagiò gli abitanti di Melcombe, nella contea di Dorset. In seguito, Dorset stessa acquistò una lingua di terra vicino al mare per seppellirvi i morti. Al contrario, e insolitamente rispetto alla norma, a Winchester i cadaveri furono seppelliti sotto la strada principale.

La peste raggiunse Londra a settembre del 1348. Le autorità non poterono far altro che cercare di attenuare la terribile sporcizia che imperava in città, ritenendo responsabile ogni proprietario dell'immondizia che si accumulava davanti a ciascuna casa. Si multavano i macellai che vendevano carne non del tutto fresca ed Edoardo III pretese dal borgomastro che liberasse le strade dalle feci. Il re dovette anche sospendere le sedute in Parlamento. Il morbo imperversò con la stessa virulenza anche nel 1349 quando, si diceva, mieteva dalle trecento alle cinquecento vittime al giorno, protraendosi fino alla primavera del 1350. Morì di peste anche l'arcivescovo di Canterbury, e i suoi due immediati successori non durarono più di un anno in totale; lo stesso re perse la figlia Giovanna e il proprio medico personale. Probabilmente, dei cinquantamila abitanti che Londra poteva vantare a quel tempo ne morì il quaranta percento, e solo nel XVI secolo la città sarebbe tornata ad avere lo stesso livello di popolazione.

La gente rimaneva disorientata dalla casualità con cui la peste colpiva, senza fare distinzioni tra poveri e ricchi; una cronaca coeva descrive la peste nell'atto di scagliare le sue frecce ovunque. Non a caso, il martire più gettonato come santo protettore delle chiese sarebbe diventato di lì a poco San Sebastiano, il santo trafitto dalle frecce che, di conseguenza, sarebbe stato anche il soggetto più raffigurato dagli artisti successivi. Grande seguito ebbe anche san Rocco, il santo della carità e dell'assistenza.

Presto la Chiesa arrivò a dare disposizioni perché, in mancanza di sacerdoti, i moribondi si potessero confessare a chiunque altro, «così come insegnano gli apostoli, e dunque a un laico e addirittura a una donna», come disponeva il vescovo di Bath, cui la peste aveva portato via metà del clero locale.

Nel complesso, la peste infierì sull'Inghilterra per un biennio prostrandola non solo con uno spaventoso numero di vittime e un'immane carestia, ma anche con una pesante crisi economica che impedì alla corona di sanare i debiti contratti per la guerra contro i francesi presso alcune banche fiorentine; già due anni prima della battaglia di Crécy, infatti, Edoardo aveva dato in pegno la propria corona all'arcivescovo di Treviri.

Le reazioni

Noi, membri del collegio medico di Parigi, dopo meditata riflessione e scrupolosa discussione sulla peste mortale che infuria e dopo un esame approfondito del pensiero dei nostri antichi maestri, presentiamo con questo documento una chiara analisi di questa epidemia secondo le regole della scienza degli astri e delle scienze naturali. Spieghiamo quanto segue:

Si sa che in India e negli altri paesi che si affacciano sul grande mare, gli astri, che lottano con i raggi solari e la calura del fuoco celeste, esercitano la loro influenza soprattutto sul mare e oppongono vigorosa resistenza alle sue acque. In questo modo si originano vapori che offuscano il sole e trasformano la sua luce in oscurità. Questi vapori danno origine a un ciclo di innalzamento e abbassamento della durata di 28 giorni. Alla fine il sole e il suo fuoco esercitano una così potente influenza sul mare che ne assorbono una grande quantità trasformandola in vapore che si alza nell'aria.

Se accade che in qualche luogo l'acqua sia corrotta da pesci morti, il calore del sole non è più in grado di scioglierla e trasformarla in vapore salutare, né in grandine, neve o brina ma le esalazioni si diffondono nell'aria e avvolgono nelle nubi alcune regioni. Così accadde in Arabia, in alcune regioni dell'India, nelle pianure e nelle valli della Macedonia, in Albania, Ungheria, Sicilia e Sardegna dove nessun uomo restò in vita.[11]

Questo l'eminente parere delle massime autorità mediche europee, interpellate a tale proposito dal sovrano. Ma c'era anche di peggio: un professore di Montpellier – dove di centoquaranta francescani ne sarebbero sopravvissuti sette – faceva chiudere gli occhi ai malati perché non infettassero attraverso lo sguardo. Anche l'olezzo delle ascelle era considerato altamente contagioso, mentre secondo alcuni eminenti studiosi era malsano dormire durante il giorno. Secondo altri ad ammalarsi più facilmente erano coloro che mangiavano molta carne, perché la carne fa molto sangue e la presenza abbondante di sangue favorisce la putrefazione.

La compassata reazione dei medici, tuttavia, non era nulla, al confronto di quella della gente comune. Im-

[11] Citato da Klaus Bergtolt, *op cit.*, p. 105.

perversarono per le strade delle città le processioni di Flagellanti, uomini e donne scalzi e col saio, spesso cosparsi di cenere, anche migliaia alla volta, che si frustavano gridando di disperazione e strappandosi i capelli. Il papa finì per vietare questo genere di cortei già prima che degenerassero, anche perché favorivano il contagio. Non erano una novità, tutt'altro: fin dal secolo precedente esistevano confraternite di penitenti guidate da chierici.

La convinzione che la fine del mondo fosse imminente, come la tragedia della peste nera lasciava intendere, ne promosse la proliferazione. I primi Flagellanti di cui si abbia notizia al tempo della peste apparvero in Stiria per la festa di San Michele. Sorsero profeti dell'Apocalisse, sette millenaristiche, si diffusero i timori per la venuta dell'Anticristo, ma i Flagellanti sono proprio la manifestazione più estrema dell'effetto dirompente che poteva scaturire dalla miscela esplosiva tra terrore superstizioso e fanatismo religioso dell'uomo medievale.

Ecco come descrive il loro strumento di autosupplizio una cronaca del 1335:

> Ogni flagello era una specie di bastone dal quale sul davanti pendevano tre corde con grossi nodi. Questi nodi erano attraversati da spine di ferro incrociate, molto appuntite, che li passavano da parte a parte sporgendo dal nodo stesso la lunghezza di un chicco di grano o anche qualcosa di più. Con questi flagelli si battevano il busto nudo così che questo gonfiava assumendo una colorazione bluastra e si deformava e il sangue scorreva verso il basso imbrattando le vicine pareti della chiesa all'interno della

quale si flagellavano. A volte si conficcavano le spine di ferro così in profondità nella carne che riuscivano a toglierle soltanto dopo ripetuti tentativi.[12]

Questi metodi erano così diffusi che si ha notizia di processioni con centomila partecipanti, tutti ansiosi di sottoporsi alla sofferenza della Passione, a imitazione di Cristo. A Tournai i penitenti tenevano in mano degli scorpioni. A condurli era quattro maestri che, nonostante fossero laici, raccoglievano in pubblico le confessioni. Ma con l'andare del tempo i Flagellanti si distanziarono sempre di più dalle rigide regole che si erano imposti – ad alcuni era vietato perfino parlare con le donne –, diventando fomentatori di disordini, criminali, stupratori e saccheggiatori al pari delle bande di soldati smobilitati dalla guerra. La Chiesa li guardò con diffidenza sempre maggiore, fino a definirli eretici.

Tuttavia, per lungo tempo quest'ondata di follia ebbe il potere di dare delle illusioni alle masse, disorientate dalla decadenza morale e politica del papato e dall'insicurezza dell'esistenza, nella quale la peste era solo l'ultima e più terribile delle piaghe con cui dovevano confrontarsi.

I Flagellanti, col loro fanatismo, erano in grado di scatenare i più bassi istinti e le più insane paure della gente, aizzando spesso la popolazione contro presunti untori, considerati agenti del demonio; in prima fila, naturalmente, i deicidi per antonomasia, ovvero gli ebrei. Scri-

[12] Ivi, p. 170.

veva Jean de Venette, un frate carmelitano di Parigi: «In Germania ed in altri luoghi dove risiedevano degli ebrei ne furono uccise, massacrate e bruciate dai cristiani parecchie migliaia». Nel 1348 a Stoccarda la popolazione arrivò perfino a uccidere ebrei due anni prima che la peste arrivasse, in via preventiva.

Anche il papa si sentì indotto a condannare le stragi, sebbene l'atteggiamento della Chiesa nei confronti delle persone di confessione giudaica fosse stato sempre ambivalente, così come, d'altra parte, quello delle autorità laiche, che solo formalmente accordavano loro protezione. Ma è un fatto che i pogrom degli anni della peste furono la più grande strage di ebrei prima dell'Olocausto, e più ancora di ciò che si era verificato in occasione della Prima crociata, due secoli e mezzo prima, quando i pellegrini di Pietro l'Eremita si erano "scaldati" con le comunità ebraiche di Colonia e Magonza. Molte comunità cittadine ne approfittarono anche per cancellare i debiti contratti con i prestatori di denaro ebraici, e talvolta i disordini antisemiti furono incentivati dalle stesse autorità, sovente per motivi economici.

Si ha perfino notizia di un vero e proprio assedio a Verdun, dove si sarebbero replicate le gesta degli zeloti a Masada nel 73 d.C.: quando gli ebrei, che avevano opposto una fiera resistenza alla popolazione inferocita, si resero conto di essere spacciati, affidarono infatti al più robusto di loro il compito di sgozzarli, e ne morirono così oltre cinquecento. Talvolta i sospetti di aver avvelenato i pozzi venivano confermati dalla tortura, che induceva i malcapitati di turno a rivelare qualunque cosa per compiacere gli aguzzini. Il duca di Savoia si rese tristemente noto per attività del genere, anche se fu la Germania lo scenario principale dei pogrom; in molte città i quartieri ebraici scomparvero dopo il 1350. Ciò non accadde in Italia dove, in generale, gli ebrei furono rispettati.

Tuttavia, l'ira popolare poteva riversarsi anche su stranieri o mendicanti, e perfino sui lebbrosi. A Narbona, nel marzo 1348, dove la peste giunse attraverso i tintori che svolgevano le loro attività sul porto, furono arrestati dei forestieri in possesso di una polvere sospetta; sottoposti a tortura, rivelarono di aver tentato di avvelenare i pozzi e si pervenne alla conclusione che li avessero inviati gli inglesi; i poveretti furono stritolati con le pinze, tagliati a pezzi e bruciati.

Meno drammaticamente, di fronte a un generale impoverimento qualcuno trasse anche vantaggio dall'imperversare della pestilenza. Come quasi ovunque, aumentò il numero delle donazioni a favore di conventi e confraternite; in Inghilterra, in quel torno di tempo un quarto dei testamenti finì alle istituzioni ecclesiastiche, ma un cospicuo numero anche a ospedali e ospizi. Ed è stato osservato che la parrocchia parigina di Saint-Germain-l'Auxerrois ricevette, nel corso del 1348, ben quattrocentodiciannove donazioni, contro le settantotto dell'anno precedente.

I rimedi

Come si è detto, nessuno immaginava neppure lontanamente che il bacillo della peste fosse veicolato dalla pulce del topo. Si pensava, piuttosto, che la trasmissione del contagio avvenisse a causa dell'aria miasmatica e per il contatto con ciò che era infetto: «Il toccare i panni o qualunque altra cosa da quegli infermi stata tocca o adoperata pareva seco quella cotale infermità nel toccator trasportare», scrive Boccaccio. Così, si provvedeva a disinfettare tutto, dalle persone agli indumenti alle suppellettili, con lo zolfo o con profumi molto forti. Per lettere e monete, invece, si usava soprattutto l'aceto. Anche l'azione del fuoco era ritenuta sterilizzatrice: bruciare cadaveri e indumenti, così come le carogne degli animali domestici, spesso uccisi preventivamente per migliorare le condizioni igieniche di un nucleo abitativo, divenne pratica comune.

In generale, le cognizioni dei medici si rifacevano alla teoria ippocratica dei quattro umori e ai testi di Galeno; pertanto anche loro pensavano a un eccesso di bile nera come causa della putrefazione degli organi interni: una putrefazione causata da aria miasmatica, dalle esalazioni di un malato o da cibo avariato. E, come sappiamo oggi, solo la seconda ipotesi era davvero concreta, sebbene essi la imputassero a una massa velenosa indotta da un soffio pestifero. E proprio perché guidati dalla convinzione che l'organismo fosse in putrefazione, i medici sottoponevano i pazienti a salassi e clisteri per purgarlo. Parimenti, si impegnavano a purificare l'aria rimuovendo tutto ciò che poteva inquinarla, dalle carogne di animali alle acque stagnanti.

Raramente i medici dell'epoca si discostavano dalle opinioni e dai rimedi suggeriti dai maestri di epoca classica, anche quando l'esperienza e l'empirismo dimostravano la loro inconsistenza: il medico bolognese Tommaso del Garbo, per esempio, sfidò la convinzione che l'aria della città fosse appestata, facendo aprire le finestre nella camera di un malato, come si farebbe oggi.

D'altra parte, proprio il Del Garbo si dimostrò assai prodigo di suggerimenti tratti dal passato, raccolti nel suo libro *Consigli contro la peste*, che si affiancava ai molti *Regimi contro la peste* che ci sono pervenuti. Il medico seguiva Galeno nel consigliare pane e aceto, oppure il mitridato, una panacea di ben quarantatré elementi che si diceva risalisse al re del Ponto Mitridate VI, acerrimo nemico dei romani, e che era stata suggerita a Nerone per proteggerlo dagli avvelenamenti. Secondo lui facevano bene anche cibi dolci mischiati a melissa, fiori di buglossa e zucchero.

Se non altro, si trattava di rimedi meno traumatici dei salassi alla testa suggeriti da Giovanni Dondi, medico dell'arcivescovo di Milano, che in alternativa promuoveva anche le fumigazioni mattutine con fuoco alimentato da legno di quercia, frassino, olivo o mirto. In generale, era meglio evitare rapporti sessuali e qualunque cosa provocasse un aumento della temperatura corporea: però il Dondi ottenne più successo come costruttore di orologi che come medico, ci ricorda Bergdolt.

Altri suggerivano di purificare l'aria con i profumi, o di trasferirsi in altura per evitare i miasmi provenienti dalle viscere della terra, o di stare fermi, perché il movimento provoca un respiro affannoso che favorisce l'inalazione dei miasmi. Si raccomandava anche di andare bene di corpo perché i residui accentuano la corruzione dell'organismo. In linea di massima, senza saperlo ma solo grazie all'esperienza, con le sostanze odorose gli uomini medievali riuscivano ad allontanare le pulci, ma non ad arginare il morbo, per il quale tutti finivano per raccomandare la fuga come metodo più risolutivo di qualsiasi altro.

Le teorie degli antichi erano state integrate solo dalla scienza degli astri, promossa dagli autori arabi più recenti come Avicenna. Non a caso, era tenuta in grande considerazione anche l'opinione degli astrologi, che avrebbero potuto predire un cataclisma preavvertendo la popolazione. Il medico personale di papa Clemente VI, Guy de Chauliac, era uno di quelli convinti che la peste fosse stata resa inevitabile dalla comparsa della costellazione dei tre pianeti superiori (Marte, Giove e Saturno) tre anni prima. Secondo il medico Gentile da Foligno, vittima della peste, i tre pianeti avrebbero prodotto una congiunzione astrale sfavorevole le cui esalazioni sarebbero state risucchiate dal mare e rigettate sulla terra come venti corrotti. Costui riteneva che ci si potesse rendere immuni solo con la fuga, oppure, non

Abito e maschera (protettiva) del medico che assiste gli appestati (incisione dei primi del XVIII *secolo).*

potendolo fare, con pillole d'aloe, salassi e clisteri, suffumicazione della propria casa, la triaca (una mistura di sostanze in cui erano comprese anche carne di serpente, estratti di vipera, polvere di rospo) e varie sostanze odorose, tra cui una di sua creazione che denominava "bolo armeno". Ricorreva anche all'elettuario, una miscela di farmaci, miele e sciroppi, e a bevande con la funzione di contrastare la putrefazione dell'organismo. Sui bubboni metteva fichi, cipolle cotte e pistacchi.

Ma a dispetto di queste soluzioni empiriche, Gentile da Foligno era anche in grado di distinguere i due differenti decorsi della malattia, quello polmonare e quello bubbonico: «La malattia durò sette mesi. Due erano le forme. La prima durò due mesi e fu caratterizzata da febbre persistente ed emottisi e la morte sopraggiungeva entro tre giorni. La seconda durò più a lungo, anche questa con febbre persistente e fu caratterizzata dalla formazione sulla pelle di pustole e bubboni, in particolar modo nelle regioni ascellari ed inguinali. Se ne moriva dopo cinque giorni».

In presenza dei malati, qualche medico prescriveva di tenere davanti al naso una spugna imbevuta di aceto quando faceva caldo, della ruta o del cumino durante le stagioni più fredde. Si notò anche che una sostanza disinfettante della conciatura proteggeva i conciatori, che si ammalarono in misura assai minore rispetto, per esempio, ai panettieri.

La peste, se non altro, indusse i medici ad adottare una sorta di abito da lavoro, che si affermò negli anni seguenti per favorirne la protezione nell'esercizio delle loro funzioni: si trattava di una veste di cuoio, un mantello, dei guanti, occhiali di vetro e un'appendice a becco davanti a bocca e naso, in cui erano contenute le presunte protezioni, come spugne imbevute d'aceto ed erbe profumate.

Le conseguenze

Nell'arco di un biennio, tra il 1347 e il 1349, la saturazione demografica raggiunta poco prima della tempesta pestilenziale si trasformò in un lontano ricordo. Ma non per questo la società medievale europea viene messa in condizione di ripartire: nelle campagne non c'erano più braccia per coltivare la terra, e i contadini superstiti reclamavano i latifondi rimasti senza un padrone, o anche solo l'aumento dei salari: le loro proteste portarono a una serie di rivolte sociali che culminerà nelle *jacqueries* della seconda metà del secolo. Lo stesso avveniva in città, dove il sovvertimento di prezzi e salari provocò una serie di scontri tra datori di lavoro e dipendenti.

Nei centri urbani mancava la manodopera specializzata, e le corporazioni dovettero fare corsi rapidi e abbassare i requisiti dei loro apprendisti. D'altra parte, «quando l'epidemia, la pestilenza e la mortalità cessarono, gli uomini e le donne rimasti si sposarono a gara. Le donne sopravvissute ebbero un numero incredibile di figli», scriveva Jean de Venette. Abbiamo inoltre visto come le comunità ebraiche occidentali abbiano patito non solo l'imperversare del morbo ma anche l'ira popolare; la loro scomparsa nei Paesi di residenza fu compensata da un consistente incremento della loro presenza nei territori più orientali d'Europa, che la peste aveva parzialmente risparmiato. Di fatto, la pestilenza spostò quindi il baricentro gravitazionale giudaico più a est, e la crisi economica favorì anche l'aumento del controllo dei flussi economici da parte degli ebrei.

I cristiani, da parte loro, precipitarono in una profonda crisi che indusse molti a rivedere il proprio rapporto con la fede. La catastrofe improvvisa veniva a sovrapporsi a un clima generale di sfiducia nei confronti della Chiesa e, come nelle grandi epidemie del passato, i due elementi produssero un progressivo abbandono delle credenze tradizionali, in favore di un misticismo più personale e a nuove, più dirette forme di incontro con Dio. Il successivo scisma che lacerò la Chiesa nei decenni successivi tolse credibilità residua alla religione ufficiale, favorendo il proliferare di alternative, ovvero di sette che presto sarebbero state considerate eretiche, ma che avrebbero aperto la strada a Lutero.

Più penalizzata ancora fu la Chiesa, il cui operato fu davvero modesto, rispetto all'alacrità dimostrata, nel corso dell'epidemia, dalle autorità laiche, in particolare dai governi cittadini, che presero le misure concrete che abbiamo visto, per arginare gli effetti del morbo. Si deve anche a questo attivismo dei governi locali il consolidamento dei comuni, che divennero presto dei punti di riferimento per i territori limitrofi fino a estendere la loro influenza e a costituire dei veri e propri stati.

Sul piano strettamente militare, è stato proposto che l'avvento della peste e il successivo, indelebile ricordo che essa lasciò nelle menti e negli animi degli uomini tardomedievali, abbia favorito quel processo iniziato poco prima con l'avvento delle prime, rudimentali armi da fuoco: cannoni e schioppi avrebbero fatto passare sempre più in secondo piano gli ideali cavallereschi in favore di una guerra di distruzione e di annientamento, dalla quale traspariva un minor rispetto per la vita umana.

Non è da escludere – sebbene sia molto difficile da dimostrare – che gli eserciti combattenti abbiano puntato da allora in poi in misura ancora maggiore sulle armi da fuoco perché esse permettevano di offendere il nemico a distanza, senza giungere a contatto e rischiare il contagio con qualcuno che potesse rivelarsi infetto: un uomo, una comunità, un regno che avessero trascorso due o tre anni condizionati dal distanziamento sociale, magari senza la possibilità di addestrarsi al singolar tenzone e alle armi bianche, non dovettero trovare spontaneo né facile tornare alle vecchie abitudini. E sotto questo aspetto, si può anche azzardare l'ipotesi che gli inglesi abbiano incentivato ulteriormente l'uso del *longbow*, l'arco lungo di cui divennero maestri celebrati in tutta Europa: fu proprio quest'arma, d'altra parte, che consentì loro di cogliere, tre quarti di secolo dopo, la decisiva vittoria di Azincourt nella guerra con la Francia, permettendo a Enrico v di indossare la corona congiunta dei due regni fino alla sua morte nel 1422.

Il contributo della peste alla Guerra dei cent'anni non si limita a un ritardo nella ripresa delle operazioni belliche, che di fatto prolungarono la stasi seguita a Crécy al 1355, come si è visto: da allora sarebbero passati altri novantotto anni prima che i due contendenti – ormai i pronipoti di coloro che avevano dato inizio al conflitto –, più che altro per stanchezza, vi mettessero definitivamente fine nel 1453, lo stesso anno in cui cadeva Costantinopoli e si chiudeva la millenaria epopea dell'impero bizantino.

Le carestie che l'epidemia provocò, con lo spopolamento di cui fu causa, spinsero sempre più uomini, soprattutto nelle campagne, a entrare a far parte delle armate reali e feudali, che d'altronde avevano bisogno di rinfoltire i ranghi decimati. Ma non si trattava di soldati professionisti e di eserciti di stato, che sarebbero comparsi solo alle soglie del Rinascimento; sia prima sia dopo la peste gli eserciti erano composti di combattenti che venivano pagati finché c'era uno stato di belligeranza, dai rispettivi signori e col bottino. Dopo la pestilenza, anzi, più col bottino, considerando la significativa diminuzione delle entrate fiscali a seguito dell'alta mortalità e del ristagno delle attività economiche e produttive.

Ma già a partire dal 1360, con la pace di Bretigny, periodi di tregua si alternarono a quelli di guerra, senza però che vi fosse più pace per la popolazione; se possibile, anzi, gli anni armistiziali furono perfino più infausti e pericolosi per la gente comune, oggetto delle violenze e dei saccheggi dei soldati smobilitati, che quando non erano alle dipendenze di un signore non avevano di che sostentarsi, finendo per farlo ai danni dei civili, anche compatrioti. Erano bretoni, fiamminghi, aragonesi, navarresi, baschi, tedeschi, oltre che francesi e inglesi. Si guadagnarono soprannomi semantici: *routiers* o *ruttae*, dal latino *rumpere*, che indica un piccolo distaccamento di uomini; *paleari*, per il vezzo di incendiare dando fuoco alla paglia oppure per il caratteristico stelo di paglia che portavano sull'elmo o sul cappuccio; *cotereaux*, da *couteau* (coltello) o da *cottier* (contadino povero), *coterie* (associazione), *coterel* (cotta di maglia).

Divennero la vera piaga sociale del tardo Medioevo, al pari dei contadini ribelli che alimentavano le *jacqueries*, rendendo più che mai precaria l'esistenza nel contado, e isolando le città. La Francia fu attraversata in lungo e in largo da queste orde di mercenari disoccupati, di fronte ai quali gli stessi sovrani si dimostrarono impotenti: ed è anche a essi che si deve il lungo declino che, sul finire degli anni Venti del secolo successivo, avrebbe spinto il Paese e il re stesso a dare credito a una contadina adolescente, dando inizio alla tardiva riscossa inaugurata da Giovanna d'Arco.

Ma i mercenari che lasciarono un segno più tragico nelle cronache del tempo furono quelli che si ritrovarono disoccupati dopo il Trattato di Arras del 1435: il loro soprannome, *écorcheurs*, "scorticatori", la dice lunga sulle loro abitudini. Il re Carlo VII finì per raccomandarli ai principi tedeschi, che dopo averli messi alla prova ne furono talmente atterriti da rimandarli indietro gratificandoli di centomila fiorini perché si tenessero alla larga dalle loro terre. Fu solo la popolazione dei Vosgi, di cui avevano inchiodato molte persone alle porte di casa, ad averne finalmente ragione, tendendo loro un'imboscata e facendone finalmente strage.

Ma la loro parabola può essere intesa come un ulteriore prova del fatto che la peste nera rese l'autunno del Medioevo tetro e precario quanto i secoli cosiddetti "oscuri" prima dell'anno Mille, con un rinnovato disprezzo per la vita umana che era stato superato proprio dopo quella data "spartiacque", quando la Cristianità si era resa conto che il mondo non era terminato. Le grandi cattedrali due-trecentesche ben rappresentano la gratitudine nei confronti del Signore e l'ottimismo che caratterizzava gli europei a seguito dello scampato pericolo.

Nell'ottica dell'uomo medievale, la fine del mondo era arrivata, ma con trecentoquarantotto anni di ritardo, e quindi sarebbe potuta tornare: la pittura successiva ben rappresenta l'angoscia per la condizione umana sottoposta alla spada di Damocle del decesso improvviso, con il tema ricorrente della Danza della Morte e di altri motivi macabri.

V

I disastri della guerra. La peste in Italia (1630)

«Il pestifero e contagioso morbo»

La peste che il tribunale della sanità aveva temuto che potesse entrare con le bande alemanne nel milanese, c'era entrata davvero, come è noto; ed è noto parimente che non si fermò qui, ma invase e spopolò una buona parte d'Italia.

Si apre così il XXXI capitolo dei *Promessi sposi* di Alessandro Manzoni: opera di fantasia, ma nella quale troviamo la più accurata e suggestiva trasposizione letteraria dell'epidemia di peste che colpì l'Italia nel 1629-1630. Dopo la Morte Nera del 1348 il morbo era rimasto endemico in Europa, ed era tornato a colpire periodicamente con «profondi effetti a tutti i livelli, demografico ed economico, sociale e politico, artistico e religioso»[1]. La paura del contagio era un'ombra sempre presente, che gravava anche sulle generazioni in parte risparmiate: sopravviveva nelle storie raccontate ai bambini, nelle prediche dei sacerdoti, negli ex-voto delle più umili cappelle e nei grandiosi "trionfi

[1] Carlo M. Cipolla, *Il pestifero e contagioso morbo. Combattere la peste nell'Italia del Seicento*, Bologna 2012, p. 11.

della morte" che, a partire dal XIV secolo, decoravano chiese e palazzi dai Paesi Bassi alla Sicilia. La peste era diventata un aspetto della realtà cui non era possibile sfuggire, una minaccia terribile da combattere con espedienti sull'efficacia dei quali non esistevano certezze[2].

La nuova epidemia passò le Alpi, come scrive Manzoni, «con le bande alemanne», ovvero al seguito delle truppe assoldate dall'imperatore Ferdinando II d'Asburgo per combattere nella Guerra di successione mantovana, un episodio minore – ma con gravi conseguenze, come vedremo – del conflitto che stava sconvolgendo l'Europa dal 1618. L'Italia settentrionale aveva preso provvedimenti per affrontare il ritorno del contagio: alla fine del XVI secolo la sanità pubblica, nei principali Stati della pianura Padana, aveva raggiunto un alto grado di complessità ed efficienza, con un'organizzazione territoriale concepita per limitare i danni causati dalle epidemie. La peste bubbonica era considerata il nemico più temibile, contro il quale bisognava essere sempre pronti a mobilitare tutte le risorse disponibili. Aveva aperto la strada la Serenissima repubblica di Venezia – esposta alle epidemie per i contatti commerciali con l'Oriente e dotata delle risorse finanziarie per adottare misure effi-

[2] Fino alla fine del XV secolo la peste colpì le maggiori città europee a intervalli di una dozzina d'anni, talvolta anche meno; dopo il 1500 le epidemie si fecero leggermente meno frequenti, interessando comunque varie zone del continente ogni 15 o 20 anni: cfr. William G. Naphy - Andrew Spicer, *The Black Death and the History of Plagues, 1345-1730*, Stroud 2000; trad. it.: *La peste in Europa*, Bologna 2006, pp. 66-67; Giorgio Cosmacini, *Storia della medicina e della sanità in Italia: dalla peste nera ai giorni nostri*, Roma-Bari 2005, pp. 49-51.

caci – che con un provvedimento del Senato del 28 agosto 1423 aveva previsto la realizzazione di un ospedale speciale permanente per i malati contagiosi. L'Ufficio del Sal, la magistratura deputata a raccogliere le tasse sul sale, era stata incaricata di provvedere alle spese: per costruire la struttura venne scelta l'isola di Santa Maria di Nazareth, al tempo sede di un convento degli Eremitani, dove il nuovo sanatorio (chiamato per questo *Nazareto*, da cui probabilmente deriva il nome comune "lazzaretto") fu inaugurato il 1° gennaio del 1424. Nel 1429 erano già state allestite ottanta camere destinate al ricovero degli appestati, e un «*inventario di robe di Nazareto*» redatto nel 1484 dimostra che i posti letto erano ormai oltre duecento, nonostante fin dal 1468 fosse stato deciso di istituire un secondo lazzaretto utilizzando gli spazi dell'isola di Vigna Murada[3].

A Brescia, dopo la pestilenza del 1478, il Comune affrettò i tempi per la costruzione di un edificio dove segregare gli appestati presso la chiesa abbandonata di S. Pietro a Fiumicello, «destinando ad essa gli introiti delle multe, delle taglie sui banditi e sollecitando i notai ad esortare i loro clienti a costituire legati e a lasciare eredità»[4]. A Milano era stato istituito un Ufficio di Sanità fin dal 1450, mentre il lazzaretto di San Gregorio, progettato nel 1488, venne completato tra il 1509 e il 1513; a Bergamo, che dalla pace di Ferrara del 1428

[3] Cfr. la bella pagina web lazzarettiveneziani.it, a cura della sede di Venezia dell'Archeoclub d'Italia.

[4] Antonio Fappani, *Enciclopedia bresciana*, s.v. «Lazzaretto di Brescia» (www.enciclopediabresciana.it).

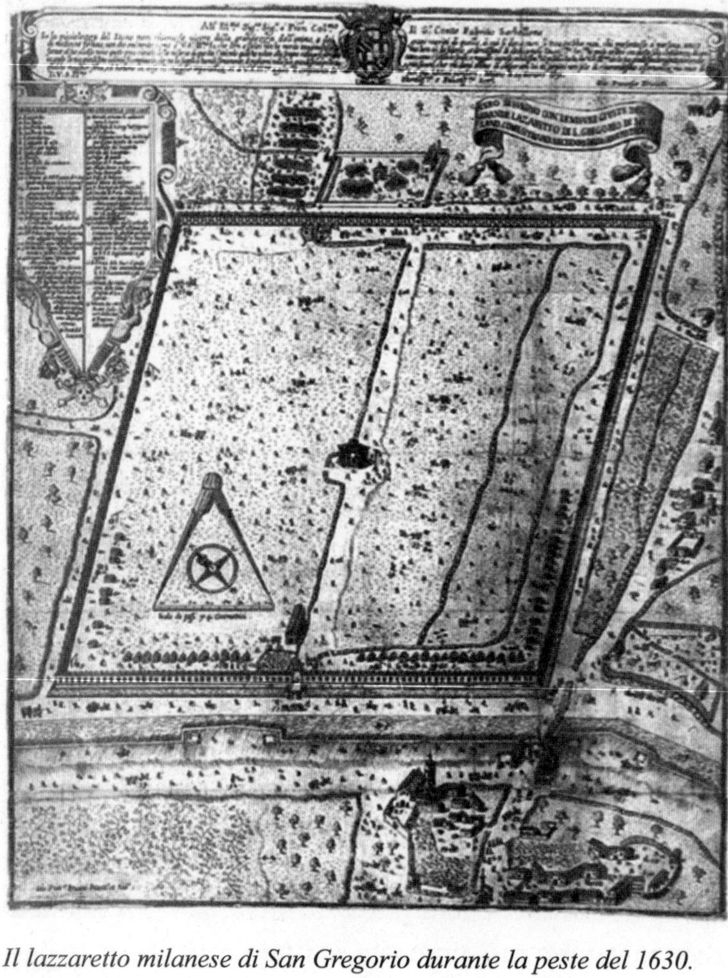

Il lazzaretto milanese di San Gregorio durante la peste del 1630.

era possedimento della Serenissima, l'ospedale per gli appestati fu inaugurato nel 1504 in aperta campagna, in una grande spianata attraversata dalla roggia Serio, e ampliato durante l'epidemia del 1576. Ospedali simili sorsero prima della fine del XVI secolo in tutte le principali città del Nord Italia: l'unica misura efficace di contenimento del morbo, infatti, era l'immediata separazione degli ammalati dal resto della comunità, che poteva avvenire soltanto in strutture adeguatamente concepite, amministrate e sorvegliate[5].

«Un fante sventurato e portator di sventura»

Il Manzoni iniziò a scrivere la prima versione dei *Promessi sposi* – il *Fermo e Lucia* – il 24 aprile 1821 nella villa di famiglia a Brusaglio, dove si era ritirato per sfuggire alla polizia austriaca che dava la caccia ai sospetti di cospirazione antiasburgica nel capoluogo lombardo. Aveva portato con sé, tra i volumi più cari, un'opera storica sul XVII secolo lombardo, gli *Historiarum Patriae libri* del medico brianzolo Giuseppe Ripamonti (sulle cui pagine ebbe occasione di approfondire la conoscenza di alcuni personaggi poi magistralmente introdotti nel romanzo, come il cardinale Federigo Borromeo, l'Innominato e Marianna de Leyva), e due trattati dedicati specificamente alla pestilenza che aveva falcidiato la popolazione milanese tra la fine del 1629 e l'estate del 1630: il *De peste quae fuit anno* MDCXXX dello stesso Ripamonti, pubblicato nel 1641, e il *Raguaglio dell'origine et giornali successi della gran peste contagiosa, venefica et malefica seguita nella città di Milano* del

[5] Naphy - Spicer, *op. cit.*, pp. 69-71.

medico Alessandro Tadino, dato alle stampe sette anni più tardi[6]. I due autori – entrambi medici e testimoni dell'epidemia – fornivano informazioni leggermente diverse sul primo caso di morte certamente causata dal morbo a Milano: secondo il Tadino si era trattato di «un soldato italiano al servizio di Spagna di quartiere nel territorio di Lecco», Pietro Antonio Lovato, entrato in città il 22 ottobre 1629; secondo il Ripamonti era stato invece un soldato di nome Pietro Paolo Locati, giunto a Milano esattamente un mese dopo da Chiavenna, dove la malattia imperversava già da alcune settimane. «Sia come sia», scrive Manzoni,

> entrò questo fante sventurato e portator di sventura, con un gran fagotto di vesti comprate o rubate a soldati alemanni; andò a fermarsi in una casa di suoi parenti, nel borgo di porta Orientale, vicino ai Cappuccini; appena arrivato, s'ammalò; fu portato allo spedale; dove un bubbone che gli si scoprì sotto un'ascella, mise chi lo curava in sospetto di ciò ch'era infatti; il quarto giorno morì.

Secondo il Ripamonti, Locati era morto all'Ospedale Maggiore il 24 novembre; nei due soli giorni trascorsi a Milano prima di essere portato al lazzaretto aveva trasmesso il morbo a tutti gli altri abitanti della casa che lo aveva ospitato, che morirono anch'essi[7].

[6] Giuseppe Ripamonti (1573-1643), *De peste quae fuit anno 1630 libri 5*, Mediolani, apud Malatestas, 1641 (trad. it. *La peste di Milano del 1630*, Milano 2009); Alessandro Tadino (1580-1661), *Raguaglio dell'origine et giornali successi della gran peste contagiosa, venefica et malefica seguita nella città di Milano, & suo Ducato dall'anno 1629 sino all'anno 1632*, In Milano, Per Filippo Ghisolfi, 1648.

[7] Giuseppe Ripamonti, *op. cit.*, pp. 50-51. Sull'epidemia cfr. Fausto Nicolini, *La peste del 1629-32*, in Fondazione Treccani degli Alfieri, *Storia di Milano*, vol. x, *L'età della riforma cattolica (1559-1630)*, Milano 1953, pp. 497-557.

La peste era tornata a Milano dopo aver concesso alla città una tregua di cinquantatré anni. Pochi ricordavano la terribile epidemia del 1576; anche per questo, sia le autorità sia il popolo tardarono a rendersi conto della gravità della situazione. Le notizie della scia di morti lasciata indietro dalle «bande alemanne» scese dalla Svizzera in Lombardia non bastarono a generare allarme: «se in qualche cosa le memorie di quel tempo vanno d'accordo», si legge ancora nel capitolo XXXI dei *Promessi sposi*,

> è nell'attestare che non ne fu nulla. La penuria dell'anno antecedente, le angherie della soldatesca, le afflizioni d'animo, parvero più che bastanti a render ragione della mortalità: sulle piazze, nelle botteghe, nelle case, chi buttasse là una parola del pericolo, chi motivasse peste, veniva accolto con beffe incredule, con disprezzo iracondo. La medesima miscredenza, la medesima, per dir meglio, cecità e fissazione prevaleva nel Senato, nel Consiglio de' decurioni, in ogni magistrato.

Quos Deus perdere vult, dementat prius – "Dio rende folle chi vuol rovinare": la sentenza, di origine incerta, conobbe nuova fortuna verso la metà del Seicento. Ma aveva ragione Manzoni: anche senza intervento divino, la serie di sciagure che si erano abbattute sulla Lombardia a partire dal 1628 poteva rendere ciechi i suoi abitanti, perché sembrava ragione sufficiente per spiegare la presenza della morte sulle strade che conducevano a Milano. Nessuno desiderava aggiungere un ulteriore motivo di angoscia a quelli già sperimentati e ancora presenti.

La peste si diffuse in silenzio, mentre fuori città continuava la guerra che aveva causato la discesa in Italia delle truppe imperiali. Alla fine di marzo divenne impossibile negare l'evidenza: «i medici opposti alla opinion del contagio, non volendo ora confessare ciò che avevan deriso», iniziarono a parlare di «febbri maligne e pestilenziali», continuando a lasciar credere alla gente che la malattia non si propagasse per contatto. Ma i morti si accumulavano, dentro e fuori il lazzaretto; i magistrati milanesi, in grave difficoltà, decisero di affidarlo ai padri cappuccini, che dal 30 marzo lo governarono con spirito di sacrificio testimoniato dalle cronache del tempo e reso immortale dalla penna del Manzoni.

«Anche nel pubblico, questa caparbietà di negar la peste andava naturalmente cedendo e perdendosi, di mano in mano che il morbo si diffondeva»: e dalla rimozione del pericolo si passò in poche settimane alla psicosi collettiva, che vedeva ovunque criminali intenti a diffondere il morbo con misteriose polveri o unguenti. Il 17 maggio fece scalpore la testimonianza di alcuni fedeli che asserivano di aver visto delle persone, in Duomo, spargere una qualche sostanza sui tramezzi utilizzati per dividere i sessi durante la funzione religiosa; non si trovò nulla di sospetto, ma la città era ormai in preda al sospetto e alla paura. Come ultima risorsa, cinque giorni dopo, i decurioni chiesero al cardinale arcivescovo Federigo Borromeo «che facesse una processione solenne, portando per la città il corpo di san Carlo», il suo grande cugino e predecessore indissolubilmente legato, nella memoria collettiva, all'ultima pestilenza che aveva colpito Milano. Il cardinal Federigo all'inizio rifiutò «per molte ragioni», certamente tutte buone e giuste, compresa quella di non voler facilitare l'opera degli "untori", caso mai fossero esistiti davvero, creando un eccezionale assembramento di popolo; ma alla fine dovette piegarsi alle insistenze dei magistrati e dei fedeli[8]. La grande processione si tenne l'11 giugno 1630 e i risultati furono disastrosi:

> il giorno seguente, mentre appunto regnava quella presuntuosa fiducia, anzi in molti una fanatica sicurezza che la processione dovesse aver troncata la peste, le morti crebbero, in ogni classe, in ogni parte della città, a un tal eccesso, con un salto così subitaneo, che non ci fu chi non ne vedesse la causa, o l'occasione, nella processione medesima. Ma, oh forze mirabili e dolorose d'un pregiudizio generale! Non già al trovarsi insieme tante persone, e per tanto tempo, non all'infinita moltiplicazione de' contatti fortuiti, attribuivano i più quell'effetto; l'attribuivano alla facilità che gli untori ci avessero trovata di eseguire in grande il loro empio disegno.

L'orrore, la paura, lo sgomento di fronte a un fenomeno tanto micidiale quanto incomprensibile spingevano la gente a cercare un colpevole vivo e reale, su cui esercitare giustizia o vendetta. Nessuno, nel XVII secolo, poteva ancora sospettare che la responsabile dell'epidemia fosse la pulce dei topi: solo la malvagità degli uomini sembrava offrire una spiegazione razionale per una tragedia così cieca e devastante.

[8] Sul cardinal Federigo Borromeo fondamentale il saggio di Paolo Prodi in *Dizionario biografico degli italiani*, vol. XIII, Roma 1971 (disponibile in rete all'indirizzo www.treccani.it); sulla sua azione durante la pestilenza del 1630 cfr. Nicolini, *op. cit.*, *passim*.

L'immagine di un untore, dal frontespizio di una sentenza di condanna per il medesimo reato (1630).

In realtà una causa umana esisteva davvero, come già ricordato. Perché i topi infetti erano arrivati in Italia «con le bande alemanne», comodamente trasportati sui carriaggi dell'armata imperiale che aveva raggiunto la pianura padana nell'autunno del 1629 per prendere parte alla Guerra di successione mantovana. La responsabilità delle soldatesche inviate in Italia da Ferdinando II nella diffusione della peste, del resto, venne subito riconosciuta dai contemporanei: le testimonianze sono molte, esplicite e suggestive. Così scrive ad esempio il padre gesuita Orazio Smeraldi nella sua relazione manoscritta (ancora inedita) su *La contagione di Parma dell'anno* MDCXXX[9]:

[9] La relazione di padre Smeraldi è conservata nel manoscritto 534 della Biblioteca Palatina di Parma, vergato nel 1648: devo alla gentilezza dell'amica e collega Miriam Turrini, docente di Storia moderna dell'Università di Pavia, la

A questa prima causa universale e divina – l'ira dell'Onnipotente per i peccati commessi dagli uomini – s'aggiungevano altre naturali: una delle quali si era la disposizione degli orbi celesti, che con maligni influssi a questi tempi, come già da molti astrologi era stato pronosticato, minacciavano; e veramente l'intemperie dell'aere molto humida per le densissime nebbie, e per le pioggie, et insieme non fredda, come le stagioni dell'autunno e dell'inverno la soglion rendere, ma più tosto tepida: et in oltre li venti australi, ch'erano continui, non si può dire che non avessero connessione col cielo, sì che poco favorevole fusse a' corpi humani. S'accoppiò a questa la disposizione stessa de' medesimi corpi humani. Imperocché essendo stato l'anno 1628 molto penurioso, sì come gran numero di gente povera haveva ceduto alla fame, et era morta, così quelli che v'erano avanzati, havevano la complessione deteriorata assai per gli disagi, che la qualità de' tempi seco recava. L'ultima però, et immediata causa venne dalla guerra portata in Italia dall'essercito alemanno alla città di Mantova. Poiché non essendo questa gente esclusa da Parma, dove per la vicinanza frequentemente si portava per le provisioni vittuali dell'essercito, facil cosa fu che le attaccasse quel male, da cui com'era voce commune, di già erano per il lor commercio tocchi similmente altri luoghi circonvicini. Si disse dunque, che il contagio mettesse capo in questo modo. Prima per causa di un fornaio, il quale essendo tornato da Sacca Villa sul Po, e confinante col Mantovano, che già era sospetto per gli tedeschi pure, l'appiccasse a quelli di sua casa; e poi a poco a poco agli altri del suo vicinato, e borgo che vien chiamato del Vescovo. Il qual veramente fu il primo che si disertasse per la morte di coloro, che ivi abitavano. Appresso si disse, che certuni detti li Bresciani, che da quella città venuti in questa essercitavano la mercanzia incontro la chiesa di San Vitale, havendo introdotta una cassa di ferramenti, comprati da soldati tedeschi sul Cremonese, v'introducessero parimenti la peste.

conoscenza di questo testo interessantissimo, ancora inedito, sul quale cfr. l'accurata notizia di Giuseppe Castellani, S.J., *"La contagione di Parma dell'anno* MDCXXX*" del gesuita Orazio Smeraldi*, in «Archivum Historicum Societatis Jesu», 5, 1936, pp. 55-69.

L'ira divina, la cattiva "influenza" degli astri (allora presa molto sul serio), il clima umido in modo insolito, i venti di scirocco, l'indebolimento fisico causato dalla lunga carestia iniziata nel 1628: tutte queste erano cause indirette, ma quella «ultima et immediata» era sotto gli occhi di tutti, ed era «la guerra portata in Italia dall'esercito alemanno alla città di Mantova». I mercenari tedeschi avevano lasciato una lunga scia di morte sul loro cammino:

> Addì primo ottobre 1629 – In questi quindici giorni prossimamente passati sono venuti in Italia i tedeschi, essendo passati per la Valtellina e Val Chiavenna e Lecco, e quindi senza toccar il Bergamasco né il Cremasco sono passati nel Lodigiano in Ghiara d'Adda e nel Cremonese, per dover andare addirittura nel Mantovano. Sono da 30 mila tra cavalli e fanti; i cavalli in bell'ordine, ed i fanti mal in arnese hanno seco figliuoli e donne per la quinta parte di essi. [...] Questa venuta dei Tedeschi ha portato la peste in Italia, avendola essi presa nel passare per il paese dei Grigioni. L'hanno attaccata prima a Cassano e Caravaggio ed in altri luoghi circonvicini, ed a Trezzo, ed in particolare a Chiaso, terra del territorio di Lecco verso la Val di S. Martino, dal qual luogo è stata di poi portata a Fopponico e quindi in molte terre...[10]

La peste era così arrivata a Milano, a Lodi, a Cremona, ovviamente a Mantova; e il contagio si era allargato viaggiando non solo al seguito delle «bande alemanne», ma

> sempre ne' mobili e robe vendute, o rubate, o trasportate da luogo a luogo per avidità di persone che non credono, o non stimano, o non obbediscono alla giustizia.[11]

[10] Marcantonio Benaglio, *Relazione della carestia e della peste di Bergamo e suo territorio negli anni 1629 e 1630*, in *Miscellanea di storia italiana edita per cura della Regia Deputazione di Storia Patria*, vol. VI, Torino 1865, pp. 409-485, pp. 440-442.

[11] Ivi, p. 442.

Perché la guerra e le soldatesche portano con loro disordine: violenze e saccheggi, ma anche furtarelli di piccole cose, che poi viaggiano nelle sacche dei mercenari e vengono di nuovo sottratte, o perse, o cedute per pochi spiccioli a qualche contadino, che le rattoppa o aggiusta alla meglio e le porta al mercato della città più vicina. È l'immagine – al tempo stesso suggestiva e tragica – di un'umanità miserabile e precaria che continua a brulicare sulle strade della guerra, incauta e disperata, pronta a rischiare tutto per il pane di un giorno, vulnerabile e travolta dall'epidemia ma irriducibile nel suo «non credere, non stimare, non obbedire» per sopravvivere.

Se le tracce del propagarsi dell'epidemia erano fin troppo facili da rilevare, le difese frettolosamente predisposte non riuscivano comunque a contenerla. Anche perché si diffondeva non soltanto tra le campagne e la povera gente, né – come a Parma, e in altre città padane – nei mercati dove testardamente continuavano i commerci: la peste portata dai tedeschi raggiungeva anche le classi sociali elevate, e riuscì a violare persino la più prudente e munita tra le città d'Italia grazie a una singola persona d'alto rango, un ambasciatore imperiale a cui non poteva essere negato l'ingresso.

In riguardo al modo che tenne la peste bubonica nello insinuarsi in Venezia nel 1630, le istorie pubblicate e la descrizione inedita del Folio concordemente ci informano, che il contagio fu recato colà dalla persona e dagli individui di accompagnamento di un Cesareo Ambasciatore, il quale da Mantova, largamente infetta di pestilenza, portavasi, in sui primi di luglio del detto anno, presso il veneto

Senato a trattare di una pace, dopo i bellici contrasti avvenuti per la successione allo stato Mantovano e la conquista di Mantova fatta dagli imperiali. E lo storico cav. Nani che scrivea intorno al 1660, attribuendo anch'egli l'origine della veneta pestilenza del '30 al morboso seminîo diffuso dagli eserciti raccolti intorno a Mantova, riferì la sola parte lodevole de' provvedimenti datisi in genere dal suo Governo contro il nuovo malore, affermando che «né regole migliori, né ordini più puntuali poterono darsi in quel tristo avvenimento e che in allora gareggiarono, con raro esempio, la carità pubblica e la pietà dei privati» (*Historia della Repubblica Veneta*, Venezia 1663, p. 437).[12]

Né regole, né ordini puntuali valsero a salvare Venezia: tra l'estate e l'autunno del 1630 vi morirono circa quarantaseimila persone, ovvero la terza parte della popolazione cittadina. Una cifra impressionante, ma che impallidisce di fronte al computo totale delle vittime: sulla base dei dati disponibili, si stima che in Italia settentrionale tra la fine del 1629 e l'inizio del 1631 sia morto un abitante su quattro – ovvero almeno un milione di uomini e donne – spazzati via in pochi mesi dalla peste[13]. Vittime collaterali, si direbbe oggi, di una piccola guerra europea.

Una guerra per altri motivi

GUERRA PER LA SUCCESSIONE DI MANTOVA (1628-1630) – Il 26 dicembre 1627 moriva il duca di Mantova Vincenzo II Gonzaga, signore

[12] Giovanni Bianchi, *Discorso sopra la peste di Venezia del 1630, recitato per Laurea Medica nella R. Università di Modena l'anno 1833*, [Verona, Poligrafo, 1845], pp. 5-6.

[13] Cfr. Carlo M. Cipolla, *Storia economica dell'Europa pre-industriale*, Bologna 1974, 2005^2, pp. 190-191.

anche del Monferrato. Se ne contesero l'eredità Carlo Gonzaga, duca di Nevers, stabilito in Francia, il duca di Guastalla, Ferrante, la vedova duchessa di Lorena, sorella del defunto, l'imperatore Ferdinando II, e Carlo Emanuele I di Savoia per i diritti già accampati tredici anni prima. Vi si frammischiarono gli interessi politici delle due grandi case rivali di cui l'una, la Francia, mandò un esercito in soccorso del duca di Nevers, l'altra, la Spagna, si unì a Carlo Emanuele. Questi prese Alba e altre terre del Monferrato, mentre gli Spagnuoli assediavano Casale. Nell'agosto 1628 il duca di Savoia riportò a Sampeyre una decisiva vittoria contro un esercito francese calato dalle Alpi per liberare Casale; ma l'anno dopo fu battuto presso Susa da re Luigi XIII in persona. Dopo un effimero accordo, di cui fu effetto la liberazione di Casale, gli Imperiali entrarono, il 18 luglio 1630, di sorpresa in Mantova e la saccheggiarono orribilmente; gli Spagnuoli tornarono contro Casale; i Francesi penetrarono nel Piemonte e presero Pinerolo e Saluzzo, mentre carestia e peste desolavano i paesi già disertati dalla guerra. Scorato e deluso, Carlo Emanuele moriva pochi giorni dopo a Savigliano. Gli successe Vittorio Amedeo I, il quale, nei trattati di Ratisbona e Cherasco (1630 e 1631), cedendo segretamente alla Francia Pinerolo e la valle di Perosa, ottenne Alba, Trino e altre settantadue terre minori del Monferrato. Il duca di Nevers ottenne il titolo di duca di Mantova e il resto del territorio conteso, come feudo dell'impero.[14]

La Guerra di successione mantovana è un perfetto caso di studio per chi vuole mostrare la tragica sproporzione che talvolta si manifesta tra la violenza dei conflitti e i loro risultati politici. Pur avendo coinvolto le maggiori potenze dell'epoca, e dopo aver causato la devastazione di alcune tra le regioni più fertili d'Italia, il feroce saccheggio di una splendida città e la morte per fame o pestilenza di una quantità spaventosa di esseri umani, la lotta per raccogliere l'eredità dei Gonzaga

[14] *Enciclopedia militare*, Milano 1933, vol. VI, pp. 1114-1115.

ebbe infatti un esito oltraggiosamente banale: un accordo su un ragionevole compromesso che si sarebbe potuto concludere in un incontro tra l'imperatore e i suoi avversari francesi, con la spesa di qualche tazza di caffè e un vassoio di dolci.

Venne riconosciuto infatti il diritto del «nuovo duca, Carlo di Gonzaga-Nevers, per escludere il quale la guerra era stata intrapresa», come scrive Alessandro Manzoni, anche se «fu obbligato a cedere al duca di Savoia un pezzo del Monferrato, della rendita di quindicimila scudi, e a Ferrante duca di Guastalla altre terre, della rendita di seimila».

Nessuno dei contendenti si fece particolarmente onore sul campo, se non in episodi marginali come la battaglia di Sampeyre: per questo la Guerra di successione mantovana è ricordata in poche righe persino nell'*Enciclopedia militare* del 1933, pubblicazione concepita per mettere generosamente in luce qualsiasi fatto d'arme avesse interessato l'Italia in generale e casa Savoia in particolare.

In realtà, per chi studia l'arte della guerra, il conflitto del 1628-1630 non è privo di motivi d'interesse. La lotta si prolungò per circa tre anni su due fronti distinti, incostante ma spesso feroce, condizionata tanto dai giochi politico-diplomatici delle grandi potenze coinvolte quanto dalle più limitate ambizioni e paure dalle signorie regionali, formando una trama complessa da valutare con attenzione, perché riserva non poche sorprese. L'episodio centrale fu il lungo assedio di Casale Monferrato da parte degli spagnoli, che ebbe come sfortunato protagonista il genovese Ambrogio Spinola, uno dei maestri dell'arte ossidionale dell'epoca[15]; ma decisiva fu la capacità, da parte della Francia, di forzare i passi alpini per sostenere lo sforzo della guarnigione casalasca, mentre l'intervento imperiale nel mantovano, benché disastroso dal punto di vista della devastazione inflitta alla città di Mantova e al suo territorio, non ebbe altrettanta rilevanza dal punto di vista strategico.

Per comprendere il senso della Guerra di successione mantovana è necessario fare un passo indietro, e analizzare la complessa situazione europea dieci anni dopo la defenestrazione di Praga (23 maggio 1618) che segnò l'inizio della lotta tra gli Asburgo e i principi protestanti, passata poi alla storia come Guerra dei trent'anni[16]. Alla morte senza eredi diretti di Mattia (20 maggio 1619), suo cugino Ferdinando II, fervente cattolico, si era trovato a essere contemporaneamente re di Boemia e imperatore; contro di lui aveva preso le armi l'elettore Federico V del Palatinato, che aveva accettato l'invito della nobiltà boema (in gran parte protestante) a rivendicare il trono di Praga, ma le cui forze erano state sbaragliate alle porte della città nella battaglia della Montagna Bianca

[15] Ambrogio Spinola (1569-1630) aveva trionfato sugli olandesi a Breda il 5 giugno del 1625, in una memorabile giornata poi consegnata ai posteri da Diego Velázquez in una delle sue tele più belle (*La rendición de Breda* o *Las lanzas*, del 1635, oggi al Prado di Madrid). Lo Spinola venne inviato da Madrid a sostituire Gonzalo Fernández de Córdoba come governatore di Milano nel settembre 1629.

[16] La bibliografia sulla Guerra dei trent'anni è vastissima: per una narrazione complessiva in italiano si può ricorrere a Geoffrey Parker, *La Guerra dei Trent'anni*, Milano 1994; Josef V. Polisensky, *La Guerra dei Trent'anni: da un conflitto locale a una guerra europea nella prima metà del Seicento*, Torino 1982; Veronica Wedgwood, *La guerra dei Trent'anni*, Milano 1998².

Ambrogio Spinola.

l'8 novembre 1620. Boemia e Palatinato erano stati devastati, ma lo spettro di un'Europa dominata dalla casa d'Asburgo aveva a poco a poco cristallizzato una vasta alleanza protestante, segretamente appoggiata dalla cattolicissima Francia del cardinale Richelieu e Luigi XIII: re Cristiano IV di Danimarca, messosi alla guida dell'Unione Evangelica protestante, aveva attaccato le forze imperiali in Germania, ma era stato ripetutamente sconfitto dalle superiori armate nemiche – guidate dal maresciallo Johann Tserclaes conte di Tilly e dal generale boemo Albrecht von Wallenstein – ed era stato costretto a concludere la pace nel maggio del 1629. A quel punto Ferdinando II commise un errore fatale, perché passò il segno nel tentativo di sfruttare al massimo il momentaneo trionfo sulle forze dell'Unione Evangelica: prima promulgò l'editto di Restituzione (6 marzo 1629), che imponeva il ritorno alla fede cattolica delle terre e dei beni passati ai protestanti dopo la pace di Augusta del 25 settembre 1555, esasperando la volontà di resistenza dei protestanti tedeschi; poi cercò di estendere il dominio diretto imperiale fino alla costa del Baltico, minacciando la città anseatica di Stralsund e finendo così per provocare l'intervento di Gustavo Adolfo di Svezia (4 luglio 1630), che avrebbe ben presto cambiato le sorti del conflitto[17].

[17] Gustavo Adolfo, "il Leone del Nord", nuovo campione della causa protestante, si dimostrò per gli imperiali un avversario ben più temibile dei precedenti, spezzando i disegni asburgici di dominazione sulla Germania intera grazie alle vittorie di Breitenfeld (17 settembre 1631) e Lützen (16 novembre 1632), dove il re svedese cadde in combattimento. Su Gustavo Adolfo cfr. l'ottimo profilo di Michael Roberts, *Gustavus Adolphus*, London 1992[2]; su Albrecht von Wallenstein, altro grande protagonista della Guerra dei trent'anni, cfr. la classica biografia (tradotta in italiano) di Golo Mann, *Wallenstein*, Firenze 1981, e il recente saggio di Sergio Valzania, Wallenstein. *La tragedia di un generale nella Guerra dei Trent'anni*, Milano 2007. La Svezia pagò molto caro l'intervento nella guerra europea in termini di uomini e risorse, ma la possibilità per gli Asburgo di creare una stabile egemonia imperiale e cattolica in Germania venne cancellata per sempre.

Durante la prima fase della guerra europea – nei cosiddetti periodi boemo-palatino e danese (1618-1629) – l'Italia era rimasta al margine delle operazioni militari maggiori. Si era combattuto per il controllo della Valtellina, dove passava la via di comunicazione terrestre tra i porti della Liguria, Milano, la valle del Reno e i Paesi Bassi (dove gli Asburgo combattevano ormai da sei decenni per domare la ribellione delle Sette Province protestanti), il cui controllo era vitale per il mantenimento dell'egemonia spagnola in Europa[18]. Il duca Carlo Emanuele I di Savoia aveva stretto alleanza con la Francia – interessata a danneggiare la potenza asburgica (nonostante la comune fede cattolica), e dunque pronta a tentare di estendere il proprio controllo sulla Valtellina – e con l'appoggio di re Luigi XIII aveva tentato di conquistare Genova, che considerava il proprio naturale sbocco al mare. Ma il disegno strategico dell'ambizioso duca di Savoia era crollato come un castello di carte quando il cardinale Richelieu, primo ministro di Luigi XIII, preoccupato della ribellione interna degli Ugonotti[19] e convinto dell'impossibilità di condurre con successo una campagna militare in Valtellina (dove le truppe fran-

[18] Visto che l'ostilità di Inghilterra e Francia rendeva inutilizzabile il canale della Manica, agli spagnoli non restava altro che trasferire truppe e rifornimenti da Barcellona e Napoli fino alla Liguria via mare, e di qui avviarli verso le Fiandre attraverso il ducato di Milano, la Valtellina e la valle del Reno. La cosiddetta "Strada spagnola" ebbe un ruolo fondamentale nelle guerre europee del XVI e XVII secolo: cfr. Geoffrey Parker, *The Army of Flanders and the Spanish Road 1567-1659: The Logistics of Spanish Victory and Defeat in the Low Countries*, Cambridge (Mass.) 2004[2].

[19] La cosiddetta terza rivolta ugonotta del 1627-1628, capeggiata dal duca di Rohan e appoggiata senza successo dall'Inghilterra, culminò nell'assedio di La Rochelle, che si arrese a Richelieu dopo quattordici mesi il 28 ottobre 1628.

cesi si erano trovate a operare in completo isolamento), aveva aperto negoziati segreti con la Spagna per porre fine al conflitto. Il 3 marzo 1626 Richelieu e il conte-duca di Olivares, primo ministro di Spagna, firmarono il trattato di Monzón, col quale si riconosceva al cantone svizzero dei Grigioni il controllo sulla Valtellina, si imponeva la distruzione dei forti che la controllavano e si consentiva – almeno in linea di principio – il passaggio per la valle di truppe sia francesi che spagnole.

La neutralizzazione della valle era per il momento un risultato accettabile sia per la Francia sia per la Spagna; ma si trattava di un accordo fragile tra due potenze destinate a scontrarsi nel volgere di pochi anni. La temporanea rinuncia della Francia a una politica aggressiva in Italia, giustificata dalla necessità di soffocare la rivolta protestante in patria, causò la brusca fine dell'alleanza con la Savoia e lasciò Carlo Emanuele I a fronteggiare da solo, senza più speranza, le forze genovesi e spagnole: un voltafaccia che rafforzò la fazione filoasburgica alla corte di Torino, aprendo la strada a nuove scelte politiche e strategiche. Il duca di Savoia, furioso per la battuta d'arresto imposta ai suoi disegni di *grandeur*, decise di vendicarsi del "tradimento" francese alla prima occasione. Che, come abbiamo visto, non tardò molto a presentarsi[20].

[20] Cfr. Robert Oresko, *The House of Savoy and the Thirty Years' War*, in *1648: War and Peace in Europe*, a cura di Kurt Bussmann e Heinz Schilling, 3 voll., vol. I, *Politics, Religion, Law and Society*, Münster-Osnabrück 1998, pp. 137-151 (disponibile in rete all'indirizzo https://www.lwl.org/westfaelischer-friede-download).

La morte del duca Vincenzo II Gonzaga, il 26 dicembre 1627, innescò infatti una reazione a catena resa più grave dall'incapacità dell'imperatore di prendere una posizione decisa e imporla grazie a un adeguato impiego della forza militare. L'erede più prossimo di Vincenzo II era il duca di Nevers Carlo I, nipote del duca di Mantova Federico II (1500-1540) e figlio di Ludovico Gonzaga (1539-1595), che si era trasferito a Parigi per prendere possesso dei beni lasciatigli dalla nonna Anna d'Alençon, vedova del marchese Guglielmo IX del Monferrato. Ludovico, entrato al servizio del re di Francia Enrico II, aveva sposato nel 1565 Henriette di Clèves, erede dei ducati di Nevers e Rethel: il loro figlio Carlo, nato a Parigi il 6 maggio 1580, era diventato Carlo III di Nevers nel 1595; più che pensare alla sua lontana eredità italiana, il giovane e brillante duca si era perso dietro a un sogno orientale, rivendicando il trono di Costantinopoli in quanto discendente diretto dell'imperatore bizantino Andronico II Paleologo (1259-1332) attraverso la nonna Margherita, marchesa del Monferrato (era figlia di Guglielmo IX e Anna d'Alençon) e duchessa di Mantova.

Situazione complicata, dunque. Carlo III di Nevers si sentiva sacrificato nei suoi ricchi possedimenti francesi, e cominciò a tessere un'improbabile tela con gli irriducibili abitanti della penisola di Mani, nel Peloponneso meridionale, che erano riusciti a mantenere una certa autonomia nei confronti del governo ottomano. I ribelli lo salutarono col titolo di "re Costantino Paleologo", ma vennero attaccati e dispersi da un potente esercito turco; Carlo tentò di raccogliere navi, uomini e denaro per un'improbabile impresa peloponnesiaca, ma nel 1619 l'inizio del conflitto in Europa tra l'impero e la lega protestante fece passare in secondo piano le sue aspirazioni di crociato dell'ultima ora.

Il destino gli riservava però una seconda e più concreta possibilità per salire alla ribalta della storia[21]. Alla morte senza eredi diretti di Vincenzo II Gonzaga, Carlo di Nevers decise immediatamente di rivendicare il ducato. Il 17 gennaio 1628 era già a Mantova, bene accolto dai nobili e dalla popolazione, mentre suoi ambasciatori cercavano di ottenere il benestare delle corti asburgiche di Madrid e Vienna. Sforzo prevedibilmente vano: perché, come scrive Manzoni all'inizio del XXVII capitolo dei *Promessi sposi*,

> la corte di Madrid, che voleva a ogni patto escludere da que' due feudi il nuovo principe, e per escluderlo aveva bisogno d'una ragione (perché le guerre fatte senza ragione sarebbero ingiuste), s'era dichiarata sostenitrice di quella che pretendevano avere, su Mantova un altro Gonzaga, Ferrante, principe di Guastalla; sul Monferrato Carlo Emanuele I, duca di Savoia, e Margherita Gonzaga, duchessa vedova di Lorena. Don Gonzalo [de Córdoba], ch'era della casa del Gran Capitano, e ne portava il nome, e che aveva già fatto la guerra in Fiandra, voglioso oltremodo di condurne una in Italia, era forse quello che faceva più fuoco, perché questa si dichiarasse; e intanto, interpretando l'intenzioni e precorrendo gli ordini della corte suddetta, aveva conclu-

[21] Sulla Guerra di successione mantovana resta fondamentale il saggio di Romolo Quazza, *La guerra per la successione di Mantova e del Monferrato (1628-31)*, 2 voll., Mantova 1926; cfr. anche David Parrot, *The Mantuan Succession, 1627-31: A Sovereignty Dispute in Early Modern Europe*, in «The English Historical Review», 112, 1997, pp. 20-65.

so col duca di Savoia un trattato d'invasione e di divisione del Monferrato; e n'aveva poi ottenuta facilmente la ratificazione dal conte duca, facendogli creder molto agevole l'acquisto di Casale, ch'era il punto più difeso della parte pattuita al re di Spagna.

Tutto giusto: in queste righe Alessandro Manzoni dimostra di essere non solo un grande romanziere, ma scrittore capace di tratteggiare l'essenziale di una vicenda politica estremamente complessa. La Spagna non poteva tollerare un simile ampliamento – benché indiretto – della potenza francese in Italia: era quindi necessario impedire che Carlo III di Nevers diventasse Carlo I di Mantova e Monferrato mantenendo intatti, o addirittura rafforzando i propri legami con Parigi. La rete delle alleanze si disegnò senza sorprese. Accanto alla Spagna si schierò Ferdinando II d'Asburgo, che però non era particolarmente ostile al Nevers, ma voleva soltanto far valere il proprio diritto di arbitrato su una disputa di così alto livello nel cuore della *Reichitalien*, l'«Italia imperiale»; accanto a Carlo si schierarono invece le potenze decise a impedire un ulteriore rafforzamento della potenza spagnola nella penisola, ovvero la Francia e Venezia. Sulla scacchiera c'era poi un altro pezzo importante, ovvero Carlo Emanuele I di Savoia, che già il 25 dicembre 1627 aveva firmato un patto segreto col governatore di Milano Gonzalo de Córdoba per la futura spartizione del Monferrato tra Savoia e Spagna. Il 20 marzo 1628 Ferdinando II intimò a Carlo di Nevers di sottomettersi al suo giudizio; al rifiuto di quest'ultimo, come leggiamo nella *Memoria di molte miserie et accidenti occorsi alli Stati di Mantova e Monferrato* del cronista Scipione Capilupi,

> l'ultimo di marzo 1628 D. Gonzales [de Córdoba] entrò insieme col duca di Savoia con i loro eserciti in Monferrato per pigliare a nome di essa il possesso come loro dicevano. D. Gonzales s'andò a mettere sotto Casale con sette mille combattenti e non più; ma per le trincere che quelli della città avevano fatto fuori delle mura bisognò l'esercito nemico accamparsi lontano che il canone non arrivava solo che di volata nella città.[22]

Il duca di Savoia prese senza difficoltà Trino, Alba e Moncalvo, ma era Casale era la chiave dell'intero Monferrato; e la città fortificata, ben difesa dai suoi abitanti – che avevano scavato trinceramenti fuori le mura per tener lontane le artiglierie nemiche – si dimostrò subito una *pierre d'achoppement*, come avrebbero detto poi i francesi[23], per le ambizioni spagnole in Italia settentrionale.

Gonzalo de Córdoba avrebbe dovuto tentare di prendere d'assalto la città: ma non riteneva di avere forze sufficienti e forse sperava, a torto, che il tempo giocasse a suo favore. Carlo di Nevers, da Mantova, chiese aiuto a Luigi XIII – o meglio a Richelieu, che si trovava all'assedio di La Rochelle; ma il cardinale rispose che la Francia sarebbe intervenuta direttamente nel conflitto solo quando la roccaforte ugonotta fosse caduta nelle sue mani. Nel

[22] *Due cronache di Mantova dal* MDCXXVIII *al* MDCXXXI, *la prima di Scipione Capilupi, la seconda di Giovanni Mambrino, trascritte, annotate ed illustrate con documenti inediti da Carlo d'Arco*, in *Raccolta di cronisti e documenti storici lombardi inediti*, vol. II, pp. 465-542, Milano 1837, p. 480.

[23] Anche nella legenda dell'incisione qui riprodotta, ad esempio, Casale Monferrato è definita «*pierre d'achoppement des Espagnoles en Italie*».

frattempo, gli ambasciatori del papa, della Serenissima e della stessa Francia alla corte imperiale di Vienna

> con caldi offici procurarono di quietare questo fuoco che accendendosi poteva incenerire non solo una gran parte d'Italia, ma d'Europa ancora; e già il Cristianissimo [Luigi XIII, re di Francia] lasciava intendere di metterci l'arme e la corona per soccorrere il duca Carlo ingiustamente oppresso. Alla fine di maggio fu tutta unita la gente assoldata per la difesa del mantovano e lì furono essere trovati ottomillia fanti e mille cinquecento cavalli, cavalleria veramente di proposito e degna d'ogni gran principe. [Inoltre] aveva procurato il duca di Mantova che il Cristianissimo gli concedesse di far levata ne' suoi stati per venire con l'aiuto de' suoi amici e parenti a soccorrere Casale et a recuperare le terre tolte dal Savoia, e l'ottenne per dieci millia fanti e mille cavalli; la gente fu fatta et assoldata a spese del duca, mancava solo un capo di credito per condurla in Italia.[24]

La spedizione di soccorso reclutata in Francia coi denari mantovani fallì miseramente: il 6 agosto, a Sampeyre, Carlo Emanuele di Savoia riuscì senza troppa difficoltà a respingere il tentativo nemico di penetrare in Piemonte dalla valle Varaita trionfando in una delle poche giornate degne di memoria dell'intera guerra, che intanto si trascinava senza sorprese e con pochi scontri, ma con gravi danni per il territorio e la popolazione. Gli spagnoli avevano interrotto il traffico fluviale tra il Monferrato e Mantova, e Carlo di Nevers aveva risposto bloccando i commerci tra Cremona e la bassa valle Padana; misura comprensibile, ma che danneggiava anche la gente del suo stesso ducato, che già faticava

[24] *Due cronache di Mantova*, cit., p. 481.

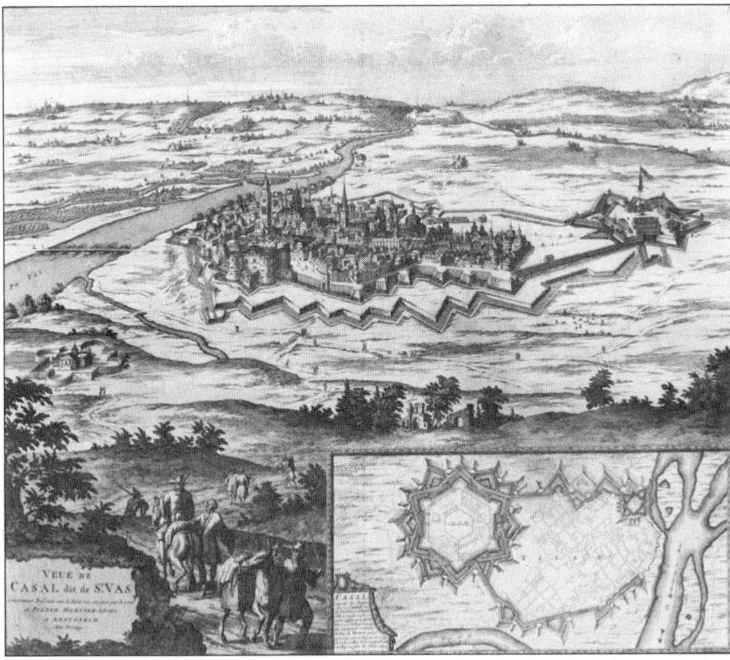

La città e la fortezza di Casale Monferrato all'inizio del XVIII *secolo.*

non poco a sostenere gli «ottomila fanti e mille e cinquecento cavalli» raccolti per difenderlo. Così in quella prima estate di guerra, nonostante fosse stato versato poco sangue e quasi soltanto nel Monferrato,

> una parte e l'altra di questi Stati sentivano danni e ruine e per i levati commerci e dal mantenere la soldatesca; che per essere nova e non disciplinata viveva con una straordinaria licenza, con rovina del povero Mantovano, troppo piccolo per sostenere tanta soldatesca.[25]

[25] *Ibid.*, p. 485.

Una guerra prolungata non conviene a nessuno: è uno dei principi universali della strategia. Bisogna cercare di vincere in fretta:

> lunghe operazioni spuntano le armi e abbattono il morale, e l'assedio di una città esaurisce le forze. Se l'esercito è impegnato troppo a lungo, le risorse statali risultano insufficienti.[26]

Saggezza antica, che ogni buon comandante dovrebbe possedere. Ma Casale testardamente resisteva e don Gonzalo de Córdoba non si decideva a dare l'assalto, mentre il pio Ferdinando II, a Vienna, esitava a intervenire in Italia per non offendere il papa, che stava facendo di tutto per scongiurare un conflitto tra le potenze cattoliche mentre gli eretici tenevano ancora il campo in Germania, nei Paesi Bassi e a La Rochelle.

I destini di Mantova e del Monferrato si decisero sulla costa dell'Atlantico. Il 28 ottobre 1628, dopo più di un anno di eroica resistenza, il sindaco di La Rochelle Jean Guitton si arrese senza condizioni, ponendo così fine all'ultima resistenza degli Ugonotti contro la monarchia cattolica di Francia. Luigi XIII e Richelieu, essi stessi probabilmente stupiti dell'occasione persa in Italia dai loro nemici spagnoli, iniziarono subito a raccogliere un esercito forte di quattromila cavalli e trentaquattromila fanti, mentre la Serenissima apriva i cordoni della borsa per sostenere Carlo di Nevers a Mantova. Il 1° marzo 1629

[26] Sun Tzu, *Arte della guerra*, cap. II, in *L'arte della guerra da Sun Tzu a Clausewitz*, a cura di Gastone Breccia, Torino 2009, p. 10.

i francesi valicarono il Monginevro, e cinque giorni dopo travolgevano la resistenza sabauda alle cosiddette "barricate di Susa". L'11 marzo Carlo Emanuele I firmava un accordo con il re di Francia, tanto rapido e per lui vantaggioso da suscitare sospetti di una precedente intesa[27]: alla Savoia restavano Trino e altre terre monferrine per una rendita totale di quindicimila scudi annui, mentre Luigi XIII otteneva la liberazione di Casale e le piazzeforti di Nizza e Ponzone. Oltre a don Gonzalo e alla Spagna il vero sconfitto era Carlo di Nevers, che vedeva cancellate le proprie speranze di ottenere per intero l'eredità gonzaghesca, visto che il Monferrato veniva smembrato a vantaggio della casa di Savoia.

A quel punto, con un esercito francese in Piemonte – e dunque con colpevole irreparabile ritardo – Ferdinando II decise di scendere in campo per difendere gli interessi asburgici. La guerra contro la Danimarca era ormai vittoriosamente conclusa, e una parte delle soldatesche del Wallenstein potevano essere inviate in Italia senza correre alcun rischio. La macchina organizzativa e logistica imperiale si mise faticosamente in moto, mentre Luigi XIII fissava in una lettera del 9 luglio 1629 le linee generali della strategia per la nuova fase del conflitto: i francesi avrebbero protetto Casale e il Monferrato, mentre Carlo di Nevers con l'aiuto dei veneziani avreb-

[27] Cfr. *Due cronache di Mantova*, cit., p. 538: vista la facilità con cui i francesi entrarono in Piemonte, «molti vogliono e fu tenuto per certo, ch'el duca fusse d'accordo con Franza, abbenché fingesse d'esser spagnolo».

be dovuto difendere il territorio mantovano e la sua capitale.

Alla metà di settembre del 1629 circa trentamila fanti tedeschi e seimila cavalieri scesero dalla Valtellina nella pianura lombarda: li guidava un esperto generale italiano, il conte Rambaldo di Collalto, e con loro, come sappiamo, viaggiava la "morte nera". A Como gli andò incontro Ambrogio Spinola, inviato dalla Spagna a sostituire don Gonzalo de Córdoba, la cui condotta dell'assedio di Casale non poteva certamente aver soddisfatto le aspettative di Madrid: i due si intesero alla perfezione e si divisero i compiti in maniera speculare rispetto a quel che aveva fatto Luigi XIII un paio di mesi prima – Spinola coi suoi reggimenti spagnoli sarebbe tornato a investire Casale, mentre le «bande alemanne» del Collalto avrebbero immediatamente attaccato Mantova.

L'avanzata imperiale fu in un primo momento travolgente: il 17 ottobre veniva forzata la linea difensiva dell'Oglio; il 19 cadeva Viadana; il 22 Gazzuolo; il 27 Carlo di Nevers doveva ritirare le proprie truppe al riparo delle fortificazioni e dei laghi della sua capitale. In un tentativo di trovare una soluzione diplomatica venne consegnato al Collalto il borgo di S. Giorgio, mentre il castello di Goito, il cui possesso era fondamentale per mantenere aperti i collegamenti tra Mantova e Venezia, si consegnava al nemico senza combattere.

Scontro tra picchieri svizzeri e lanzichenecchi (Hans Holbein il Giovane, 1498-1543).

Vista l'intransigenza del nemico, Carlo di Nevers decise di difendere Mantova a tutti i costi, e la sua tenace resistenza riuscì a prolungare il conflitto: dopo un assalto fallito alle mura, il 24 dicembre Rambaldo di Collalto fu costretto a ritirare le sue truppe decimate dalla peste in zone più salubri – a Canneto sull'Oglio, una trentina di chilometri più a occidente in direzione di Cremona, da cui poteva ricevere vettovaglie, e a Borgoforte e Gazzuolo, allentando il blocco alla città.

Il cardinale Richelieu, senza darsi troppo pensiero per la sorte di Mantova, proseguì nella sua strategia di ampliamento della base d'operazioni piemontese: all'inizio della nuova stagione di guerra, il 21 marzo 1630, i francesi conquistavano Pinerolo dopo aver rifornito e rinforzato la guarnigione di Casale. Ambrogio Spinola riuscì a occupare una posizione dominante da dove le sue artiglierie potevano battere con più efficacia la città assediata, ma i suoi tentativi di avvicinarsi alle mura vennero respinti; nel frattempo, ricevute altre truppe dalla Germania, i comandanti imperiali ripresero le operazioni contro Mantova, decisi questa volta a non lasciare scampo alla città.

Nella disgraziata capitale dei Gonzaga già da tempo la popolazione era falciata dalla fame e dalle malattie; a marzo, secondo la *Memoria* di Scipione Capilupi, «incomenciò a scoprirsi delli ammalati con bugne che senza valere rimedio alcuno in quattro giorni morivano»[28]. Ma il morbo colpiva anche gli imperiali accampati di fronte alla città: nuovamente il Collalto fu costretto ad allentare l'assedio, mantenendo però il controllo delle fortezze di Governalo, Borgoforte e Goito, in modo che «non si poteva aver granaglie da niuna parte, [ma] solo da Verona, ma poca cosa ancora, perché l'inimico con la cavalleria batteva giorno e notte quelle strade facendo prigioni quanti trovavano»[29].

Con i francesi impegnati in Piemonte – a Mantova era stato inviato solo un piccolo contingente agli ordini del maresciallo d'Estrées, che non si sarebbe rivelato di grande utilità – il solo aiuto al duca Carlo poteva venire da Venezia: ma l'esercito della Serenissima venne duramente battuto dagli imperiali a Villabuona il 29 maggio

[28] *Due cronache di Mantova*, cit., p. 537.
[29] Ivi, p. 538.

1630. «Gli alemanni», resisi conto che il nemico era in rotta, li inseguirono fino a Verona, «e diedero il guasto a tutto il paese veronese, dove sino all'Adige rovinarono alloggiamenti et ville intiere con gran rovina di que' popoli».

La sorte di Mantova era segnata. Come osserva ancora Scipione Capilupi,

> questa rotta ch'ebbero i Venetiani fu la rovina e perdita di Mantova, perché non avendo più di che temere gli Alemanni strinsero di maniera l'assedio della città che non entrava più non solo vituaglie di sorta alcuna, ma nemmeno soccorso di soldatesca Veneta, della quale in Mantova v'era grandissimo bisogno per la gran mortalità che sempre più cresceva, mentre ogni giorno doicento e trecento persone moriano di febbre e petecchie; o di bogne che li venivano o di alcune vescichette; et queste erano più pestifere delle bogne, sì che pochi ne scampavano.[30]

Nonostante la carestia e la peste Carlo di Nevers decise di resistere a oltranza. L'esercito imperiale strinse il cerchio attorno alla città alla metà di luglio; dopo aver accuratamente studiato le posizioni difensive, mercoledì 17 luglio

> essi signori generali fecero per terra condurre sopra carri et con istromenti non più visti, da Governalo le barche piccole et queste essendo venuta la notte, calarono nel lago di Mezzo con grandissimo silenzio et sopra esse imbarcarono 80 solati risighati alla fortuna con ordine che sbarcati s'impadronissero della trinchiera posta sulla ripa del lago guardata da' Francesi sotto il comando del maresciale d'Estrée, et poi andassero a gettare il ponte portatile a traverso la rottura del ponte de la Palada, quale ponte fabbricato

[30] Ivi, p. 540.

con modo non più visto et con silenzio straordinario fu condotto a detta rottura larghissima. Et così fu eseguita la detta commissione con gran valore e prontezza et cacciati et in parte tagliati a pezzi i Francesi, gli Alemanni s'avvanzarono con grandissima bravura e s'impadronirono subito del baloardo, del giardino, et dopo del castello, palazzo et corte ducale et della piazza con poca mortalità di gente Alemanna.[31]

L'azione era stata condotta splendidamente da ottanta soldati scelti, «rischiati alla fortuna», che avevano colto di sorpresa i francesi schierati nella trincea esterna sulla riva del lago di Mezzo e poi erano riusciti a penetrare in città dalla porta del palazzo ducale detta "del Volto oscuro". Carlo di Nevers si ritirò nella cittadella di Porto, da dove trattò la resa. La mattina seguente, 19 luglio 1630, il duca Carlo, suo figlio, il maresciallo d'Estrées e pochi altri ufficiali furono scortati ai confini dello Stato della Chiesa, mentre Mantova veniva selvaggiamente saccheggiata.

La guerra continuava soltanto sotto le mura di Casale, che resisteva ancora agli spagnoli. Papa Urbano VIII, preoccupato della ripresa protestante nel Nord Europa, intensificò gli sforzi diplomatici per una pace negoziata tra Francia e Spagna; il 26 luglio la morte di Carlo Emanuele I di Savoia facilitò il compito del legato pontificio Girolamo Colonna e del suo segretario, l'abile Giulio Mazzarino. Anche Ambrogio Spinola, gravemente am-

[31] Giovanni Mambrino, *Vera relazione del modo col quale l'armata imperiale alloggiata nel Mantovano l'anno 1628 se impadronì della famosa città et fortezza di Mantova alli 18 luglio 1630*, in *Due cronache di Mantova*, cit., pp. 543-557, pp. 547-548.

malato, aveva dovuto lasciare il campo; il suo successore, Álvaro de Bazán, secondo marchese di Santa Cruz, si convinse rapidamente dell'impossibilità di condurre a buon fine l'assedio, e non si oppose alla conclusione di una tregua d'armi.

A Ratisbona, dopo lunghe trattative, i rappresentanti di Luigi XIII di Francia e di Ferdinando II d'Asburgo firmavano la pace generale il 13 ottobre 1630. L'imperatore doveva di nuovo preoccuparsi della guerra con la Lega Evangelica, perché il 4 luglio Gustavo Adolfo era sbarcato col suo esercito in Pomerania: la sorte di Mantova e del Monferrato e persino gli interessi spagnoli in Italia dovevano passare in secondo piano. Il trattato di Ratisbona riconosceva Carlo di Nevers quale legittimo erede del ducato dei Gonzaga, ma con l'obbligo di cedere alla Savoia ben settantaquattro terre monferrine (ma non Casale, ovviamente), e al figlio di Ferrante II di Guastalla (morto di peste il 5 agosto), altro vecchio pretendente al ducato, una rendita annua seimila scudi.

Era la fine delle aspirazioni egemoniche spagnole sull'Italia settentrionale. L'accordo venne perfezionato nei successivi trattati di Cherasco del 31 marzo, 6 aprile e 19 giugno 1631, che chiusero definitivamente la Guerra per la successione mantovana: a Luigi XIII veniva garantito il possesso di Pinerolo, confermando così il vantaggio acquisito dalla Francia sulla Spagna e sull'impero. Il cardinale Richelieu era il vero vincitore: in cinque anni aveva rovesciato la situazione con abilità e cinismo, preparando la strada al trionfo finale della

Francia sugli Asburgo. Il 20 settembre 1631 Carlo di Nevers rientrava nella sua capitale devastata. Tre giorni prima a Breitenfeld, in Sassonia, l'esercito svedese aveva sbaragliato l'armata imperiale guidata dal conte di Tilly. Ferdinando II, che aveva sacrificato decine di migliaia di uomini nell'inutile guerra per Mantova, falciati dalla peste più che dalle armi nemiche, vedeva svanire per sempre i suoi sogni di egemonia cattolica sul cuore del continente europeo.

Senza difesa

Tre anni di guerra avevano lasciato l'Italia settentrionale in ginocchio, e avviato l'Europa sulla strada di un drammatico allargamento del conflitto tra l'impero e la Francia. Passata la furia dell'epidemia, che si esaurì all'inizio del 1631, medici e scienziati cominciarono una volta di più a interrogarsi sulle cause del morbo, la sua natura e i modi della sua trasmissione.

Era chiaro a tutti come i cattivi raccolti e il clima insolitamente umido del 1629 avessero facilitato la diffusione e reso più gravi gli effetti della pestilenza. Così, ad esempio, apre la sua *Relazione* sulle «calamità del presente» il medico bergamasco Marcantonio Benaglio:

> La carestia, le guerre e le mortalità del presente anno [1630], comecché prodotte da mali influssi del cielo e da maligne costellazioni, sono state predette dagli astrologi; ma lo sconcerto delle sta-

gioni, le crudelissime ed universali tempeste, e le pioggie importune dell'anno passato hanno dato certissimo annunzio ad ognuno delle presenti calamità. E di poi essendo continuate le medesime pioggie con freddi importuni per tutta la primavera sino a mezzo giugno, hanno talmente alterata la stagione e stemperata l'aria per tutta la Lombardia e la Marca Trevigiana, che quindi sono procedute e l'estrema carestia, e le mortali infermità che hanno miserabilmente afflitto questa patria. Perciocché l'anno passato fu scarsissimo il raccolto del formento e del vino; ma dei migli, meleghe, castagne ed altri minuti, de' quali è solito vivere il territorio in buona parte per molti mesi, per la pessima stagione non si raccolse cosa alcuna.[32]

Vivere di miglio, sorgo e castagne non doveva mai essere facile; nel 1629 le «piogge importune» avevano ridotto alla fame buona parte della popolazione contadina. Alla mancanza di cibo si erano aggiunte le violenze causate dal passaggio dell'esercito imperiale;

ma molto maggior danno e terrore che non han fatto la carestia e la guerra hanno apportato a questa patria le mortali infermità, dalle quali universalmente è stata travagliata, e per le quali sono mancati molti de' più riguardevoli cittadini di tutti gli ordini, e della plebe, e de' poveri numero molto maggiore. Al principio di aprile ha cominciato questo mal influsso, e ha continuato sino al presente, e seguita tuttavia in questa città, e parimenti in Venezia, Padova, Brescia, Friuli, Bologna e Milano, e in molte altre, causato in presente a queste città dalla mala temperatura dell'aria sconcertata dalle immoderate pioggie di mesi ed anni, dalla mala condizione de' frutti e degli altri alimenti, dal fetore che hanno recato seco quei poveri che sono andati vagando per la città, dalla mala disposizione delle costellazioni, e finalmente dallo sdegno della Divina Mestà causato dalle nostre colpe, di tal natura, che quasi la terza parte degli abitanti si sono infermati, e la maggior

[32] Marcantonio Benaglio, *op. cit.*, p. 415. Con il termine «meleghe» Benaglio indica i semi del sorgo, cereale molto resistente alla siccità, che dovette soffrire particolarmente per l'eccesso di precipitazioni in Lombardia nel 1628 e 1629.

parte di febbre che pare al principio benigna e leggera, ma dopo tre o quattro giorni riesce maligna, e poi sopravvengono petecchie rosse, morelle e nere, delirii, vigilie, dolori sete ardente, deliquii, letarghi, ed altre male qualità.[33]

L'ignoranza sulle cause del male può apparire oggi sconcertante, ma in un mondo dove osservare il molto piccolo era ancora assai più difficile che osservare i pianeti del sistema solare non dovremmo stupircene più di tanto: solo nel 1624, infatti, Galileo Galilei, che era stato capace di rivoluzionare la scienza dell'astronomia – il suo *Sidereus nuncius* è del 1610 – aveva realizzato un primo microscopio ottico, «un occhialino per vedere le cose minime»[34], che non poteva tuttavia arrivare a scoprire l'esistenza dei batteri[35]. Benaglio – e con lui tutti i medici dell'epoca – non poteva aver fatto ancora alcun sostanziale passo avanti, dal punto di vista scientifico, da quando il batterio oggi noto come *Yersinia pestis*, ospitato dalle pulci dei topi che viaggiavano nella stiva delle navi mercantili, aveva raggiunto il Mediterraneo durante il regno di Giustiniano, quasi undici secoli prima. L'elenco delle cause

[33] Benaglio, *op. cit.*, p. 435.

[34] Galileo Galilei, *Lettera a Federico Cesi (Firenze, 23 settembre 1624)*, in Id., *Opere*, edizione nazionale a cura di A. Favaro, Firenze 1968, vol. XIII, pp. 208-209.

[35] Il primo ad osservarli fu l'olandese Antoni van Leeuwenhoek (1632-1723), che trasse profitto sia dai progressi della scienza ottica fatti da Galileo, sia dal suo metodo sperimentale. Nel 1676 comprese che ciò che aveva visto muoversi in vari tessuti organici grazie al microscopio da 200 ingrandimenti erano esseri viventi, che chiamò genericamente *animalcula*, «animaletti», e che vennero definiti poi *bacteria* (dalla loro forma a bastoncino, gr. *baktérion*) solo nel 1838. La scoperta del batterio responsabile della trasmissione della peste, come già ricordato, avvenne solo nel 1894 grazie ad Alexandre Yersin.

è prova dello sconcerto dei medici del XVII secolo: Benaglio chiama in causa il clima, il cibo fatto marcire dall'umidità eccessiva, l'influenza maligna degli astri, l'ira divina, persino «il fetore menato seco» dai poveri riversatisi nelle città a causa della carestia. Non andava vicino al vero.

A una simile ignoranza sulle cause della malattia non potevano che corrispondere idee altrettanto confuse sulle possibili cure, la cui ricerca e sperimentazione restava ovviamente controversa, oltre che inefficace. Ancora Marcantonio Benaglio offre una eccezionale testimonianza al riguardo:

> Per la cura di queste febbri sono applicati dai signori medici sul principio salassi al braccio, ovvero alla salvatella secondo l'età e le forze, polveri cordiali, medicamenti refrigeranti, solventi moderatamente, bezoartici, restauranti, spirito di vetriolo, acqua di scorzonera, sero caprino e somiglianti. Ma perché tra li signori medici ve ne erano alcuni, ed in particolare gli eccellenti signori Girolamo Pescina, Lazzaro Alghisi e Bartolomeo Locatelli, i quali biasimavano apertamente qualunque salasso, è parso all'illustrissimo sig. Giovanni Grimani, nostro podestà benemerito, di mandar d'ambedue le opinioni distinte informazioni a Padova, e di far fare a spese della magnifica città diligente anatomia di un paro di cadaveri, e così mandata la prima informazione sottoscritta dagli eccellenti signori Cristoforo Brocco, Giovanni Antonio Finardo, Camillo Fuginello, Paolo Benaglio, Giovanni Borella, Antonio Lanzi e Roberto Borsello, e la seconda de' suddetti tre sopranominati, ne ha riportato risposta delli eccellenti signori Benedetto Salvatico e Giovanni Domenico Sala, medici primari e lettori dello studio di Padova, che la prima opinione è la migliore, ed è quella che comunemente si usa in Padova, in Venezia ed in tutte le principali città d'Italia; aggiungendo che essi laudano in questa occasione il far fuochi per le piazze, il tener con gran diligenza mondate le strade e tutti

i luoghi pubblici, ed il provvedere che le sepolture non possano esalare alcun mal odore.[36]

I dotti primari e lettori dell'università di Padova avevano ragione a sconsigliare i salassi, che non facevano altro che indebolire corpi già stremati dal morbo; avevano anche ragione, ovviamente, nel consigliare di mantenere pulite «con gran diligenza le strade e tutti i luoghi pubblici». Purtroppo, però, neanch'essi sapevano fare di meglio che sospettare il «mal odore» quale causa della diffusione della pestilenza. Quello che non si riusciva a vedere lo si supponeva trasportato dall'aria. Come ha scritto Carlo Maria Cipolla,

la convinzione predominante riguardo alla peste era che fosse originata da atomi velenosi. Che fossero generati da materia in putrefazione o emanati da individui infetti (persone, animali, oggetti), gli atomi velenosi infettavano l'aria salubre e la rendevano "miasmatica", vale a dire velenosa. Era proprio l'aria "corrotta" a costituire, secondo i dottori del Rinascimento, la condizione di base indispensabile perché scoppiasse un'epidemia di peste.[37]

All'inizio del XVII secolo, per difendersi dall'aria che pensavano "avvelenata" dalla peste, i medici iniziarono a indossare delle palandrane di lino rivestite di una pasta

[36] Benaglio, *op. cit.*, pp. 436-437. Con il termine «salvatella» si indicava una vena della mano utilizzata per i salassi; i «bezoartici» erano dei preparati di varia natura, tra cui «lo zolfo dorato di antimonio, per li quali si promette d promuovere placidamente il sudore» (da Giovanni Battista Borsieri, *Istituzioni di medicina pratica*, Firenze 1840, p. 403); lo «spirito di vetriolo» era il nome dato all'acido solforico, utilizzato (molto diluito, ovviamente) per curare le dermatiti; l'infuso (acqua) di scorzonera ha notevoli proprietà diuretiche; il siero di latte caprino ha proprietà ricostituenti.

[37] Carlo Maria Cipolla, *Il pestifero e il contagioso*, cit., p. 17.

fatta di cera mescolata a sostanze aromatiche: la speranza era che gli "atomi infetti" non si attaccassero alla superficie liscia e scivolosa che ricopriva il tessuto. Dal momento che l'impiego di queste vesti sembrava garantire una certa protezione, «i medici del tempo trovarono in ciò una conferma alle loro teorie sul contagio e sul ruolo dei miasmi»[38]. Non tutti concordavano. Un frate agostiniano incaricato della gestione del principale lazzaretto di Genova durante l'epidemia del 1657, padre Antero Maria di San Bonaventura, giunse sorprendentemente vicino a comprendere la vera causa della diffusione della peste manifestando, in maniera piuttosto sprezzante, la sua scarsa considerazione per le palandrane dei medici:

> la tonaca incerata in un lazzaretto, non ha altro buon effetto, solo che le pulci non sì facilmente vi s'annidano.[39]

L'osservazione di padre Antero sulla palandrana era corretta: non proteggeva certo i medici dai "miasmi pestiferi", ma li proteggeva dalle pulci. Con il suo commento il frate era giunto incredibilmente vicino a una scoperta straordinaria: mancava davvero un solo passo per comprendere il ruolo dei parassiti nella trasmissione della peste, ma era un passo impossibile da compiere. Le pulci, per gli uomini del Seicento, erano animaletti

[38] Ivi, p. 20.

[39] Antero Maria da San Bonaventura, *Li lazzaretti della città e riviere di Genova del MDCLVII*, Genova 1658, p. 518. Padre Antero (1620-1686), al secolo Filippo Micone, si distinse nell'assistenza ai suoi concittadini non soltanto durante la grave epidemia di peste che colpì Genova nel 1656-1657, ma anche durante il bombardamento francese del 1684. A Sestri Ponente, suo luogo natale, gli è stato intitolato un ospedale.

fastidiosi ma innocui; nessuno avrebbe mai creduto potessero ospitare microrganismi – di cui si ignorava ancora l'esistenza – a loro volta capaci di trasmettere una malattia così terribile.

La scienza sperimentale muoveva i primi passi. L'osservazione diretta dei fenomeni naturali, resa più acuta, precisa e affidabile dai nuovi strumenti messi a disposizione dalla tecnologia, soltanto nel XVIII secolo si sarebbe affermata in ambito accademico come metodo di indagine universale: per il momento si brancolava ancora nel buio, o quasi, e solo l'eroica abnegazione dei religiosi riusciva ad alleviare le sofferenze degli ammalati, mentre i medici, pur capaci di individuare e descrivere con precisione i sintomi, si ritrovavano poi impotenti nel curare il morbo.

Per chi aveva il coraggio di osservarla direttamente, la peste si manifestava in maniera complessa ma ben riconoscibile: per prima cosa – come leggiamo nel *Discorso sopra de mali contagiosi pestilenziali* del medico fiorentino Antonio Pellicini, pubblicato nel 1630 – vi era l'insorgere di «febbri acutissime, putride», le quali,

> oltre l'altre triste loro solite accompagnatore, come di eccessivo dolore di testa, o di molestissima vigilia, o di qualche variatione di mente, o d'ardentissima sete, o d'abominevole inappetenza, o d'affannosa respiratione, o di continuata inquietudine, o di amarissimo vomito, o di fetentissima uscita, o con pessime orine, o con infelicissimi polsi, quando ben considerati, altrimenti ingannevolissimi, o con ardore di volto, o con occhi sfavillanti, o con lingua aridissima, e nera, o con effigie mutatissime, o con fiacchezza indicibile, sono apparse tal volta nella pelle, non solo insolite macchie, et foggie di diverse petecchie, ma bolle ancora, e pu-

stule horribile, non meno per le eminenti vescichette acquose, che per l'odiosa loro negrezza, e legittima forma di maligni carboni.[40]

Il problema non era dunque capire *se* era giunta la peste, nelle sue due forme bubbonica e polmonare – quest'ultima più perniciosa e meno riconoscibile; il problema era come salvare gli ammalati. Antonio Pellicini indica tre «preservativi mezzi humani»:

Primo la totale separazione per quanto sia possibile delle persone sane, non solo dall'inferme, ma dalle sospette ancora, e da luoghi, e da tutte le cose ancora.
Secondo la ben regolata refocillazione delle persone scadute, non meno del corpo, che dell'animo.
Terzo qualche communale purgagione delle ragunate impurità ma preservante insieme dalla putredine, e particolarmente l'essenza gli humori, e gli spiriti del cuore.[41]

Il primo rimedio era razionale ed efficace; e lo è ancora, del resto, nel caso di aggressioni virali pandemiche come quella del Covid-19. I lazzaretti, come abbiamo visto, esistevano da oltre un secolo nelle principali città italiane, e servivano allo scopo. Il secondo «mezzo preservativo» era semplice buon senso: per ristorarli nel fisico i malati indeboliti andavano sostenuti «con pane, carne, uova, e vini buoni»; per rasserenarli nell'animo, bisognava visitarli «levando via tanto sbigottimento dalla severità», ovvero i medici dovevano mostrarsi attenti e seri, ma non spaventati essi stessi dalla natura e

[40] Antonio Pellicini, *Discorso sopra de mali contagiosi pestilenziali*, In Fiorenza, per Zanobi Pignoni, 1630, pp. 6-7.
[41] Ivi, p.12.

dalla letalità del morbo. Il vero problema si incontrava con il terzo dei «mezzi preservativi humani», ovvero la cura medicinale della peste:

> egli non pare, che insin adora, ve ne possa esser miglior via, che la comune antica dell'uso delle pillole, che perciò si sogliono dire comuni, lodatissime senza alcuna controversia, prontissime, e facilissime a provedersi con pochissima spesa, facendosi con due parte d'aloè soccotrino, d'una parte di mirra, e d'una mezza parte di zafferano, pigliandosi ardire di variare questa composizione di pillole da quella, che l'adietro sia stata praticata, solamente nella dose di zafferano, riconoscendosi facilmente, che egli vi sia solo per veicolo dell'altre due cose al cuore stesso, si come l'altre due cose, l'aloè, e la mirra, come preservativi dalla putredine, dal disfacimento della sostanza delle parti...[42]

«Pillole comuni» di aloe, mirra e zafferano, sulla cui posologia il buon medico fiorentino si dilunga nelle righe seguenti: male certamente non potevano fare, ma si può immaginare quale fosse la loro reale efficacia come rimedio per la peste. Oltre alle pillole, Antonio Pellicini raccomanda di bere argento vivo a pasto, «tenere in bocca massime da mattina o zolfo lavato, o corteccia di cedro cruda, o barba d'angelica, o foglia di salvia, o noce moscata»; infine, tra i «rimedi esterni sarà sempre giovevole la pulitezza di tutto il corpo»[43].

Quest'ultimo – come alcuni altri – era un buon consiglio, ma non stupisce che i medici fossero i primi a nutrire scarsa fiducia negli sforzi fatti per guarire chi

[42] Ivi, p. 15. L'aloe socotrina deve il suo nome all'isola di Socotra, nell'oceano Indiano, da cui veniva importato l'estratto della pianta.
[43] Ivi, pp. 18-19.

veniva colpito dal morbo. I dati disponibili per l'Europa del XVI e XVII secolo sono inequivocabili: un'epidemia di peste significava la morte per almeno un quarto della popolazione interessata. A Basilea – un caso nemmeno tra i peggiori ma per il quale esiste una documentazione accurata grazie a Felix Platter, medico svizzero e pioniere dell'anatomia patologica – sappiamo che tra il gennaio del 1610 e il marzo del 1611, su un totale di circa quindicimila abitanti, ben 6.408 contrassero la malattia, e di questi 3.968 ne morirono: il tasso di *morbilità* (numero degli infetti sul totale della popolazione) fu quindi del quarantatré percento, quello di *letalità* (numero dei decessi sul numero degli infetti) del sessantadue percento, mentre la *mortalità* (numero dei decessi sul totale della popolazione) fu del ventisei percento. Sono risultati coerenti con quelli delle epidemie di peste scoppiate in altre parti d'Europa nel corso del Cinquecento e del Seicento, il cui studio ha fatto rilevare tassi di letalità variabili tra il quarantasette e il settantotto percento[44]. In altre parole, quando in una comunità si diffondeva «il pestifero e contagioso morbo» la prospettiva era che almeno un quarto della popolazione sparisse nel giro di qualche mese. Un impatto demografico terrificante, di fronte al quale non sembrava esserci vera difesa se non il raccomandarsi alla divina provvidenza.

[44] Cfr. Felix Platter, *Observationum libri tres*, Basel, König & Brandmüller, 1680, pp. 321-322; Jean-Noël Biraben, *Les hommes et la peste en France et dans les pays européens et méditerranéens*, 2 voll., Paris – Den Haag 1975, vol. I, p. 303; Jacques Revel, *Autour d'une* épidémie *ancienne: la peste de 1666-1670*, in «Revue d'Histoire Moderne et Contemporaine», 17, 1970, pp. 953-983, p. 970.

Era una realtà di fronte alla quale il comportamento della gente oscillava tra un terrore cieco, che portava a vedere nemici ovunque – gli "untori" milanesi sono l'esempio più celebre, ma non il solo, di questa inesausta caccia a colpevoli umani – e un fatalismo irridente, un assoluto disprezzo di qualsiasi norma di protezione e prevenzione. Il frate cappuccino Mattia da Salò, al secolo Paolo Bellintani, incaricato dall'arcivescovo Carlo Borromeo di amministrare il lazzaretto milanese durante la grande epidemia del 1576, ha lasciato nel suo *Dialogo della peste* una eccezionale testimonianza di prima mano sulle condizioni di vita e il comportamento degli ammalati. Così il primo editore moderno dell'opera, Federico Odorici, riassume uno degli aneddoti più crudi e suggestivi narrati da Bellintani:

> vi giovi un esempio. Frate Andrea da Bione (di Valtrompia) l'uno dei quattro cappuccini che assieme con fra Paolo erano sopraintendenti, confessori, amministratori, cucinieri, lavandai, tutto che abbisognasse, e che per la sollecitudine animosa, e quasi lieta, con cui per quella mortalità si affacendava, solea chiamarsi *fra Monatto*, mentre nel cuor della notte, d'una di quelle notti ferali del lazzaretto, passava tutto sollecitudine di capanna in capanna, dall'uno all'altro letticiuolo per soccorrere, vedere, sorvegliare, udì come un suono di musicale concento; teso l'orecchio, e seguita l'onda sonora che in un istante di più profondo silenzio più distinta gli giunse, fu alla camera donde partiva, e dal fruscio pesante di passi come in cadenza comprese che in quell'albergo di spavento e di morte eran uomini che ballonzavano allegramente. Allontanatosi di là, fu pian piano alla gran fossa dei cadaveri; vi discese così alla cieca, e brancolando in cerca d'una povera vecchia da lui messa là dentro il giorno prima, tanto fra quel carcame s'avvolse e brancicò, che ritrovatala, d'un colpo la si gittò sulle spalle; ma nell'atto del gittarsela, per vento racchiuso nella strozza, quel cadavere mandò un gemito indistinto: e il frate di rimando: *taci comare, non vedi che ti*

conduco al ballo? Poi fu all'uscio di quella camera, e bussato così leggermente, *chi è là?* rispose una vociaccia di dentro: *gente che vuol ballare*, soggiunse il frate. Apertogli, entrò il Padre, e buttata con un tonfo orribile la morta sul pavimento, *fate ballare anche questa*, gridò levando fieramente il capo, ed accennandola col dito: *Possibile che avendo la morte in bocca, vi raduniate a bagordo ed a bordello?* L'apparizione terribile, impreveduta di quel frate, di quel cadavere, in quell'ora sbandò l'impaurita marmaglia, che via si sparse per le tra bacche, e fra le tenebre del lazzaretto.[45]

Nella comunità disperata racchiusa tra le mura del lazzaretto continuavano a esercitare la loro professione le meretrici cittadine, e si insinuavano «spacciatori di ricette» e di rimedi miracolosi pronti ad approfittare della credulità degli ammalati che disponevano ancora di qualche denaro. Ma comportamenti simili si potevano osservare anche altrove, ovviamente: la società reagiva in maniera spesso irrazionale al manifestarsi della pestilenza, che costituiva per una buona parte della popolazione – almeno un quarto, come abbiamo detto – una sentenza di morte cui non era possibile sfuggire.

Per tre secoli, dalla grande epidemia del 1348 fino alla seconda metà del Seicento, la "morte nera" fu un incubo ricorrente per gli abitanti di tutta Europa, da Londra (duramente colpita nel 1665-1666) alla Sicilia, da Milano a Amsterdam, dalla Spagna degli ultimi signori arabi alla splendida capitale dell'impero ottomano (1661). L'ul-

[45] Federico Odorici, *I due Bellintani da Salò ed il Dialogo della peste di fra' Paolo Bellintano*, in *Raccolta di cronisti e documenti storici lombardi inediti*, cit., vol. II, pp. 269-270. L'aneddoto della "danza macabra" nel lazzaretto è narrato da Paolo Bellintani nel capitolo XIII del suo *Dialogo della peste*, Ivi, p. 288. Recentemente è apparsa una nuova edizione critica: Paolo Bellintani, *Dialogo della peste*, a cura di Ermanno Paccagnini, Milano 2001.

tima grave epidemia scoppiata in una città dell'Europa occidentale, una delle peggiori in assoluto, uccise oltre quarantamila dei novantamila abitanti di Marsiglia nel 1720; poi, a poco a poco, il morbo allentò la presa, pur senza sparire mai del tutto. La terza pandemia – dopo la cosiddetta "peste di Giustiniano del 541 e la "peste nera" del 1348 – ebbe origine nella provincia cinese dello Yunnan nel 1855: anche in questo caso movimenti di truppe ne aiutarono la diffusione in tutta l'Asia, e il contagio raggiunse Hong Kong nel 1894 e Bombay quattro anni dopo. Si presume che in circa vent'anni, tra il 1898 e il 1918, siano morti di peste almeno dodici milioni di uomini soltanto in India.

A partire dalla fine del XVIII secolo il progressivo miglioramento delle condizioni igieniche ha relegato la peggiore delle malattie contagiose in aree sempre più periferiche e depresse. Oggi l'Organizzazione Mondiale della Sanità riporta annualmente dai mille ai tremila casi distribuiti soprattutto in Asia (Caucaso, alcune zone del Medio Oriente, Cina), Africa (Madagascar, Uganda, Tanzania, Kenia, Congo, Mozambico) e Sudamerica (zone isolate di alta montagna in Bolivia, Perù ed Ecuador), mentre la peste è ormai assente in Europa e Australia. Ma almeno tre secoli della nostra storia sono stati segnati dal suo spaventoso, ricorrente passaggio attraverso il continente: molte volte al seguito degli eserciti che si combattevano per modificare i confini e gli equilibri tra le potenze, lasciando una scia di morte peggiore di quella causata direttamente della guerra stessa.

VI

L'influenza spagnola, il "cavaliere pallido" all'alba del mondo contemporaneo (1918)

Il 28 ottobre 1918, in un modesto appartamento viennese, muore di influenza Edith Harms, una giovane donna incinta di sei mesi. Suo marito, che le è stato accanto fino alla fine, soccombe tre giorni dopo alla stessa malattia: è Egon Schiele, uno dei più grandi pittori del XX secolo. Ha soltanto ventotto anni.

Vienna è una città spettrale. Da molti mesi la gente comune è ridotta alla fame; il vecchio impero asburgico è ormai in dissoluzione, mentre dal fronte italiano arrivano notizie confuse sulla disfatta delle sue armate.

L'ultimo capolavoro di Schiele è lo straziante ritratto di una famiglia di morti: il pittore, già condannato, è nudo alle spalle di Edith, di cui ha disegnato l'agonia fino all'ultimo istante; la donna, con lo sguardo perso altrove, tiene tra le gambe il suo bambino mai nato.

Una famiglia sopravvissuta alle privazioni di lunghi anni di guerra era stata distrutta in pochi giorni dalla più spaventosa epidemia che la storia ricordi.

Il cavaliere pallido

Mentre si concludeva la Grande Guerra – "l'inutile strage" che aveva posto fine al vecchio ordine dominato dagli imperi europei, ed era costata all'umanità almeno sedici milioni di vite – la seconda ondata di una micidiale epidemia di influenza stava già imperversando in tutto il mondo. La morte non dava tregua all'umanità: sembrava che dopo i millecinquecento giorni di dominio del cavaliere rosso, «colui al quale fu dato potere di togliere la pace dalla terra perché gli uomini si uccidessero a vicenda», fosse giunto il tempo del quarto cavaliere dell'Apocalisse, montato sul suo pallido destriero. «Quando l'Agnello aprì il quarto sigillo, udii la voce del quarto essere vivente che diceva: "Vieni!" Ed ecco, mi apparve un cavallo verdastro. Colui che lo cavalcava si chiamava Morte, e gli veniva dietro l'Inferno...»[1].

Guerra e pestilenza sono da sempre due volti della stessa tragedia collettiva. Mai simile considerazione si dimostrò più vera che nel 1918; e non era certo difficile prevedere che il cavaliere rosso potesse aprire la strada al cavaliere pallido, in un terribile *crescendo* di morte. Nell'agosto del 1914, all'inizio del conflitto, il futuro capo dei servizi medici dell'esercito canadese, il colonnello Guy Carleton Jones, aveva scritto parole rivelatesi poi profetiche:

[1] *Apocalisse*, VI, 7-8. Ho scelto la traduzione più comune: in realtà il sostantivo greco *thanatos* dell'originale neotestamentario può avere anche il significato di "pestilenza".

Egon Schiele, La famiglia, *1918.*

Sulla strada percorsa dagli eserciti rimane sempre una triste scia di malattia diffusa tra donne, bambini e non combattenti. Leggi e regolamenti possono governare il modo in cui vengono condotte le ostilità, ma le infezioni non le riconoscono, e si rifiutano di prendere di mira soltanto i combattenti. Siamo così costretti a osservare come la guerra fa violenza ai civili, ai bimbi innocenti, a tutti coloro che sono rimasti a casa... Chi mai può contare, o semplicemente *riconoscere* le vittime di un conflitto, una volta che abbia messo le mani su un Paese?[2]

Come prevedibile, un'epidemia di influenza con complicazioni polmonari gravi iniziò a manifestarsi durante la Guerra mondiale, favorita dalle condizioni di vita degli uomini nelle trincee, negli ospedali militari, nei baraccamenti delle retrovie, nei campi di raccolta e addestramento delle reclute. Battezzata per la prima volta dai giornali britannici *The Spanish Flu* (ovvero "l'influenza spagnola", in onore di re Alfonso XIII di Spagna, ammalatosi verso la fine di maggio), la malattia si presentò in tre ondate successive tra la primavera del 1918 e l'inverno 1919, uccidendo in pochi mesi un numero enorme di uomini e donne. Le stime variano tra i venti e i cento milioni, e già questo sconcertante margine di incertezza basta a dare l'idea non solo della catastrofe che si abbatté sul mondo, ma della difficoltà di comprenderla e analizzarla in modo adeguato. Come aveva scritto il colonnello Carleton Jones, «chi mai può contare, o semplicemente *riconoscere* le vittime di un conflitto», quando la morte miete il suo raccolto non soltanto con il ferro e il fuoco dei combattimenti, ma con la fame e le malattie?

Le ultime settimane del 1918 furono spaventose: nonostante questo l'umanità intera, stordita dalla guerra

[2] Guy Carleton Jones, *The Importance of the Balkan Wars to the Medical Profession of Canada*, in «Canadian Medical Association Journal», 4, 1914, pp. 799-802, pp. 801-2 (traduzione dell'autore, come in tutti gli altri casi in cui non sia diversamente specificato).

che aveva sconvolto l'ordine mondiale, sembrò sopportare questa nuova strage come un evento misterioso e ineluttabile, di fronte al quale c'era soltanto da chinare la testa e attendere che fosse passata.

Quando si scatena un'epidemia è naturale chiedersi dove e come sia iniziata. Ma è difficile trovare una risposta convincente, perché moltissime persone devono morire prima che si abbia una chiara percezione dell'esistenza stessa di un'epidemia, e moltissime altre prima che si inizi a indagare in modo scientifico sulla sua origine. A quel punto la storia biologica del virus è praticamente impossibile da ricostruire con certezza. Anche sulla pandemia del 1918 le opinioni degli studiosi non sono concordi: secondo le ricerche più recenti, l'influenza che sarebbe diventata famosa col nome di "Spagnola" fu trasmessa da una variante del virus H1N1, geneticamente molto simile a quello della SARS (sigla di *Severe Acute Respiratory Syndrome*) che dopo aver contagiato molte specie avicole in Asia orientale e sud-orientale è passata all'uomo dal 1998, e dunque simile anche al SARS-COV-2, il virus responsabile della pandemia del 2020[3]. Come i suoi "parenti" a

[3] La sigla COVID-19 (*Corona-virus Disease* 2019) indica in realtà la malattia e l'anno in cui si è manifestata, non l'agente patogeno. Il virus dell'influenza aviaria isolato alla fine del secolo scorso era del tipo H5N1: la sigla deriva dalle iniziali delle due proteine che compaiono sulla superficie tondeggiante del rivestimento lipidico del virus stesso, la (h)emagglutinina (H) e la neuraminidasi (N), che possono variare quantitativamente (da 1 a 16 unità per la H, da 1 a 9 per la N) in modo da "sfuggire" agli anticorpi del sistema immunitario. Il virus H5N1 ha fatto il "salto di specie" dagli uccelli all'uomo nel gennaio del 1998, quando ha infettato 18 persone a Hong Kong, sei delle quali con esito letale. Il virus responsabile dell'attuale pandemia di influenza (2020) è classificato come SARS-CoV-2, ed è un'evoluzione del virus comparso alla fine degli anni Novanta.

noi cronologicamente più vicini, il virus della Spagnola, secondo ogni verosimiglianza, si sviluppò inizialmente tra gli uccelli per poi raggiungere l'uomo tramite un intermediario animale – i suini, diffusissimi negli accampamenti militari, sono i principali indiziati – e continuare infine a evolvere all'interno della popolazione umana.

Quando un virus riesce a compiere il salto di specie dagli animali all'uomo, la sua capacità di causare una pandemia aumenta, perché il nostro sistema immunitario non lo riconosce e tarda a reagire in maniera adeguata, dando all'ospite il tempo di adottare una sorta di "strategia mimetica" basata su piccoli mutamenti genetici. Questo spiegherebbe la successione delle tre ondate della Spagnola, diversamente letali, che circolarono nel mondo tra il marzo del 1918 e l'inizio del 1920[4]; ma resta impossibile accertare al di là di ogni dubbio la sua origine. Già il primo studio scientifico dedicato nel 1927 alla Spagnola da un eminente epidemiologo americano, Edwin Oakes Jordan, individuava tre possibili focolai: gli accampamenti militari britannici in Francia nel 1917, la Cina durante l'inverno 1917-1918 e la contea di Haskell, in Kansas, nel febbraio del 1918[5]. Il dibattito è ancora aperto. Alla fine degli anni Novanta il virologo britannico John Oxford ha sostenuto l'origine europea

[4] La prima ondata si diffuse a partire dalla primavera del 1918 e durò fino a luglio; la seconda iniziò a fine agosto e si esaurì prima di Natale; la terza iniziò a gennaio del 1919 prolungandosi in alcune parti del mondo fino al 1920. La seconda, come vedremo, fu di gran lunga la più letale.

[5] Cfr. Edwin Oakes Jordan, *Epidemic Influenza: A Survey*, New York 1927.

della Spagnola: l'influenza trasmessa dal virus H1N1 si sarebbe manifestata per la prima volta già nell'inverno 1916-1917 a Étaples, sulla costa francese della Manica, in uno dei tanti ospedali militari sovraffollati del fronte occidentale[6]. L'ipotesi di Oxford e dei suoi collaboratori è che le peculiari condizioni di vita tipiche della guerra di trincea abbiano permesso alle prime manifestazioni virali dell'inverno 1916-1917 di "rafforzarsi", evolvere e ripresentarsi come un nuovo agente patogeno capace di scatenare una vera pandemia circa un anno dopo. Questa idea, ha commentato Mark Osborne Humphries, autore dello studio più recente e completo sull'origine della Spagnola,

> è basata sull'assunto che i virus pandemici possano svilupparsi a singhiozzo quando un nuovo ceppo inizia ad attraversare la "barriera tra le specie" dagli uccelli o dai suini agli esseri umani. Se questo accade, ci si può attendere che il virus sia inizialmente molto letale, ma anche poco capace di diffondersi mentre cerca di adattarsi all'ospite umano, cosa che può provocare delle esplosioni epidemiche violente ma circoscritte nello spazio e nel tempo. Oxford pensa che sia questo ciò che accadde a Aldershot ed Étaples, [dove sono documentati numerosi gravi casi di influenza già all'inizio del 1917], ipotizzando che si sia trattato di *herald waves*, "onde anticipatrici", ovvero delle prime manifestazioni di un virus animale che stava attraversando per la prima volta la barriera tra le specie. [...] Ci sarebbe stato dunque una sorta di "processo di inseminazione", durante il quale una nuova e ben più virulenta

[6] J.S. Oxford et al., *A Hypothesis: The Conjunction of Soldiers, Gas, Pigs, Ducks, Geese, and Horses in Northern France during the Great War Provided the Conditions for the Emergence of the "Spanish" Influenza Pandemia of 1918-1919*, in «Vaccine», 23, 2005, pp. 940-945. Per una bibliografia dei contributi di John Oxford scritti alla fine degli anni Novanta cfr. Gina Kolata, *Flu: The Story of the Great* Influenza *Pandemic of 1918 and the Search for the Virus that Caused It*, New York 1999, pp. 289-297.

forma di influenza era stata impiantata in varie zone del mondo, prima della pandemia che sarebbe esplosa con tutta la sua forza solo nell'autunno del 1918.[7]

Una seconda teoria, che recentemente sta riscuotendo i maggiori consensi tra la comunità scientifica grazie a nuove indagini epidemiologiche, ipotizza invece che il virus, comparso in Cina alla fine del 1917, abbia raggiunto l'Europa con le decine di migliaia di *coolies*, i lavoratori del *Chinese Labour Corps* (CLC) utilizzati come manodopera a bassissimo costo nelle retrovie del fronte occidentale durante l'ultimo anno di guerra. I lavoratori cinesi, che come si può immaginare viaggiavano in condizioni assai poco salubri, venivano imbarcati nel porto di Weihaiwei, sotto controllo britannico, e raggiungevano l'Europa seguendo tre rotte differenti, ovvero il canale di Suez, il capo di Buona Speranza e il Canada[8]. Sono state trovate molte prove della diffusione di un virus influenzale tra i *coolies*: il 1° marzo 1918, solo per citare un esempio, un ufficiale addetto al reclutamento dei lavoratori cinesi inviò un telegramma a Londra, al direttore dei trasporti del CLC, in cui non faceva alcun mistero della gravità della situazione medica:

1600 *coolies* pronti all'imbarco a Chengyang sul *Concona-da* – Reclutamento località citata bloccato dall'epidemia – A

[7] Marks Osborne Humphries, *Paths of Infection: The First World War and the Origins of the 1918 Influenza Pandemic*, in «War in History», 21, 2013, pp. 55-81, p. 60.

[8] In quest'ultimo caso i *coolies* venivano trasportati via mare fino a Vancouver, in treno attraverso l'intero Canada fino a Ottawa, e qui reimbarcati per la destinazione finale.

Weihaiwei 2.480 *coolies* non ancora liberi dall'infezione probabilmente pronti all'imbarco in sei settimane.[9]

Nonostante il pericolo evidente di diffondere la malattia, il *Conconada* imbarcò 1899 *coolies* e salpò per Vancouver il giorno successivo. Durante la traversata uno dei passeggeri morì di polmonite; all'arrivo a Vancouver la situazione era tale da consigliare alle autorità locali di mettere tutti in quarantena. Precauzioni simili vennero prese anche in altri casi, ma circa ottantaquattromila membri del CLC arrivarono comunque in Europa nei primi mesi del 1918, molti di loro certamente già ammalati di influenza, ed entrarono subito in contatto con i soldati alleati nelle retrovie del fronte[10].

Le due teorie ora esposte in modo sommario sono ritenute oggi le più solide dal punto di vista scientifico. Ma la terza, quella a lungo considerata "ortodossa", ha comunque una notevole importanza per la storia militare perché direttamente collegata alle operazioni belliche dell'ultimo anno di guerra[11]. Ancora si cita come primo caso accertato di Spagnola il cuoco Albert Gitchell, in servizio nella base dell'esercito degli Stati Uniti Camp Funston, presso Fort Riley, in Kansas. Lunedì 4 marzo 1918, subito dopo la colazione del mattino, Gitchell accusò sintomi simili a quelli

[9] Cfr. Humphries, *op. cit.*, p. 73.

[10] Cfr. Dorothy A. Pettit - Janice Bailie, *A Cruel Wind: Pandemic Flu in America, 1918-1920*, Murfreesboro (Tenn.) 2008. È questa l'ipotesi per cui propende anche Humphries, *Paths of Infection*, cit.

[11] Il più recente sostenitore dell'origine americana della pandemia del 1918 è stato John M. Barry, *The Great Influenza: The Epic Story of the Deadliest Plague in History*, New York 2005.

di una normale influenza – bruciore di gola, febbre e mal di testa – e si recò in infermeria. Mentre il medico di turno finiva di riempire la sua scheda, in astanteria arrivarono altri soldati con gli stessi sintomi: ne vennero visitati più di cento prima dell'ora di pranzo. Il colonnello Edward R. Schreiner, responsabile dei servizi sanitari di Camp Funston, si rese conto di trovarsi di fronte a un'epidemia, e avvisò immediatamente le altre basi dell'esercito. Nelle successive cinque settimane più di un migliaio di uomini caddero ammalati solo a Camp Funston; quarantotto di loro, tutti giovani e fino a quel momento in buona salute, morirono per complicazioni polmonari insorte dopo il manifestarsi dei primi sintomi influenzali.

Gli Stati Uniti erano entrati in guerra nell'ottobre del 1917; nella primavera successiva i campi di raccolta delle reclute, accorse a decine di migliaia per andare a combattere gli "unni" oltreoceano, erano affollati un po' ovunque, dalla California al Kansas, dal Texas allo Stato di New York. Ed erano luoghi ideali per facilitare la diffusione del virus. Il cavaliere pallido aveva raggiunto centinaia di ragazzi americani prima ancora che venisse loro chiesto di affrontare la morte in guerra. A marzo ne partirono per l'Europa più di ottantamila; in aprile altri centodiciottomila. Tra loro c'erano molti portatori sani del virus; molti altri manifestarono i primi sintomi soltanto durante la traversata. Solo nel 15° Reggimento cavalleria, in viaggio durante la prima metà di aprile, si registrarono trentasei casi di influenza, sei dei quali fatali. A maggio, inevitabilmente, l'influenza aveva conquistato due continenti, dove il numero dei contagiati cresceva in maniera esponenziale. Era chiaro a tutti che le truppe americane stavano contribuendo alla diffusione della pandemia: ma non era possibile sospendere il loro dispiegamento in Francia, dove le forze dell'Intesa vivevano giorni disperati.

Kaiserschlacht, l'ultima offensiva

Il 21 marzo 1918, alle 4:40 del mattino, un razzo illuminante di colore bianco si alzò sopra le trincee tedesche nei pressi di Saint-Quentin. Era il segnale di aprire il fuoco per i serventi di oltre 10.000 cannoni, obici e mortai lungo un fronte di circa sessanta chilometri. In cinque ore l'artiglieria germanica consumò 1.160.000 proiettili: una tempesta di fuoco di un'intensità mai vista prima, che sarebbe stata superata soltanto nel 1945, quando l'Armata Rossa scatenò l'attacco finale contro Berlino.[12]

Era iniziata la *Kaiserschlacht*, la "battaglia dell'imperatore", ovvero l'ultimo grande tentativo tedesco di vincere la guerra in Occidente prima che gli Imperi Centrali finissero soffocati dal blocco navale britannico. La pace di Brest-Litovsk, imposta al nuovo governo bolscevico russo il 3 marzo 1918, aveva permesso alla Germania di trasferire trentotto divisioni dal fronte orientale: il generale Erich Ludendorff, capo di Stato Maggiore dell'esercito tedesco[13], dopo aver valutato diverse possibili alternative

[12] Randal Gray, *Kaiserschlacht 1918. The Final German Offensive*, London 1991, p. 35.

[13] Erich Ludendorff (1865-1937), dopo essere stato capo di Stato Maggiore dell'8ª Armata di Paul von Hindenburg sul fronte orientale, divenne "quartiermastro-generale dell'*Oberste Heeresleitung*" (OHL, comando supremo dell'esercito) alla fine del 1916, dopo il fallimento dell'offensiva voluta da Erich von Falkenhayn a Verdun: con tale incarico, corrispondente a quello di capo di Stato Maggiore dell'esercito, pianificò la strategia germanica negli ultimi due anni di guerra.

Il fronte occidentale dopo le offensive tedesche della primavera-estate 1918.

decise di sferrare il primo colpo (nome in codice "Michael") nel settore della Somme, a sud di Arras, con l'obiettivo di spezzare il settore del fronte tenuto da due armate britanniche – la 5ª di Hubert Gough e la 3ª di Julian Byng – per poi separare l'intero Corpo di spedizione britannico (BEF) dalle forze francesi, circondarlo e schiacciarlo con le spalle al mare nella zona di Calais. Da nord a sud passarono all'offensiva la 17ª Armata di Otto von Below, la 2ª di Georg von der Marwitz e la 18ª di Oskar von Hutier: un totale di settantuno divisioni, guidate da alcuni tra i migliori generali dell'esercito germanico, attaccarono ventinove divisioni britanniche, utilizzando per la prima volta su così vasta scala le nuove tattiche d'assalto già sperimentate in Russia e in Italia nell'autunno precedente, basate sulla stretta cooperazione tra fanteria e artiglieria e sull'infiltrazione di piccoli gruppi di truppe scelte. Nonostante la stanchezza della lunga guerra, il morale tra le unità di prima linea era alto: come avrebbe scritto Ernst Jünger in un testo pubblicato nel 1925, tutti erano stupiti e orgogliosi dall'eccezionale quantità di uomini e materiali raccolta per la *Kaiserschlacht*:

> mai simili masse di truppe furono riunite in spazi così stretti, mai abbiamo avuto dalla nostra parte un simile numero di pezzi d'artiglieria pesante e pesantissima. Sono state costruite nuove strade e nuove ferrovie; ovunque hanno luogo lavori enigmatici [...]. Dunque possiamo ben sperare di farcela! Adesso finalmente, dopo quasi quattro anni, sembra che la grande ora sia arrivata.[14]

Il successo fu eccezionale nel settore sud dell'offensiva, dove la 5ª Armata britannica fu costretta ad abbandonare l'intera *battle zone*, l'area fitta di capisaldi e trincee concepita per assorbire in profondità l'assalto nemico. I tedeschi durante il primo giorno della *Kaiserschlacht* catturarono ventunomila prigionieri e oltre cinquecento pezzi di artiglieria; altri diciassettemilacinquecento soldati britannici vennero uccisi o feriti. Il generale Gough (poi rimosso da Douglas Haig, comandante del BEF, e sostituito dal generale Henry Rawlinson) fu costretto già il

[14] Ernst Jünger, *Fuoco e sangue. Breve episodio di una grande battaglia*, traduzione di A. Iadicicco, Milano 2016, p. 30 e p. 33.

22 marzo a ordinare la ritirata generale della 5ª Armata oltre la Somme. Le divisioni di von Hutier continuarono ad avanzare fino al 27 marzo, quando le avanguardie tedesche occuparono Montdidier, a circa cinquanta chilometri dalle posizioni di partenza di "Michael"; ma i progressi alla sua destra non erano stati altrettanto rapidi, e anche nel settore della vittoriosa 18ª Armata germanica la resistenza nemica si faceva di ora in ora più tenace grazie anche all'arrivo di rinforzi francesi dal meridione. Le operazioni proseguirono ancora per alcuni giorni; ma il 4 aprile, nella zona di Amiens, l'ultimo assalto della 9ª Divisione di riserva bavarese venne respinto nei pressi del villaggio di Villers-Brétonneaux. Quello stesso pomeriggio un improvviso contrattacco del 36° Battaglione australiano allontanava la minaccia nemica da Amiens: "Michael" aveva definitivamente esaurito il suo slancio offensivo[15].

Ludendorff, prima di riconoscere la sconfitta, decise di spostare il peso dell'offensiva di primavera nelle Fiandre. Il 9 aprile, soltanto quattro giorni dopo che le esauste divisioni di Hutier, Marwitz e Below avevano ricevuto ordine di consolidarsi sulle posizioni raggiunte, si aprì la seconda fase del grande attacco tedesco, nome in codice "Georgette", nella zona del fiume Lys. L'obiettivo strategico, ancora una volta molto ambizioso, era

[15] Il miglior saggio complessivo sull'offensiva di primavera di Ludendorff resta Martin Middlebrook, *The Kaiser's Battle*, London 1978; in lingua italiana si può ricorrere al bel saggio di John Toland sull'ultimo anno di guerra (che però, come capita spesso nella letteratura storico-militare, non fa menzione della Spagnola): John Toland, *1918*, Milano 1982.

di sfondare le linee della 1ª Armata britannica (Henry Horne) nei pressi di Armentières, a sud del fiume, per poi isolare la 2ª Armata del generale Herbert Plumer e spingerla verso i porti sul canale della Manica: in sostanza, una ripetizione su scala ridotta del concetto strategico di "Michael". Questa volta anche il successo tattico fu limitato: "Georgette" fece progressi solo nei primi due giorni, che portarono alla riconquista della celebre cresta di Messines e a un'avanzata di una quindicina di chilometri su un fronte di trenta; ma l'11 aprile, quando scattò quello che doveva essere l'attacco decisivo di due armate tedesche verso il mare (da sud a nord, la 6ª di Ferdinand Quast e la 4ª di Friedrich von Arnim), la resistenza britannica si era già consolidata grazie al tempestivo dispiegamento di rinforzi provenienti da settori meno minacciati del fronte. Dopo tre settimane di combattimenti, che costarono circa duecentocinquantamila perdite ai tedeschi e un numero di poco superiore ai britannici, Ludendorff si rassegnò a ordinare la cessazione degli attacchi anche nelle Fiandre: nelle mani dei tedeschi restava un inutile saliente nei pressi di Ypres, un centinaio di chilometri quadrati di terreno sconvolto su uno dei campi di battaglia più ferocemente contesi della storia, e l'amara consapevolezza di aver consumato, senza alcun reale vantaggio, un'altra quota importante delle riserve accumulate con tanta fatica[16].

[16] Sul fallimento di "Georgette", passato alla storia come battaglia del Lys, cfr. Chris Baker, *The Battle for Flanders: German Defeat on the Lys, 1918*, Barnsley 2011.

Il generale Ludendorff non si rassegnò ancora ad ammettere il fallimento della sua grande offensiva. Convinto di aver portato il nemico vicino al punto di rottura, il capo di Stato Maggiore dell'esercito tedesco decise di lanciare la terza fase, nome in codice "Blücher-Yorck": un attacco nel settore dello Chemin des Dames, oltre il fiume Aisne, difeso dalla 3ª Armata francese del generale Denis Duchêne. Per quasi un mese, in gran segreto, vennero trasferite truppe e artiglierie per rinforzare la 1ª Armata di Fritz von Below e la 7ª di Max von Böhn, che scattarono all'assalto all'alba del 27 maggio, precedute dallo "sbarramento mobile" di quattromilaseicento pezzi d'artiglieria. I francesi (e il IX corpo d'armata britannico, che era stato inviato in quel settore "tranquillo" del fronte dopo le perdite subite durante "Michael") vennero colti di sorpresa, e il successo tattico iniziale fu travolgente: prima della mezzanotte le truppe d'assalto tedesche avevano conquistato un saliente profondo quasi venti chilometri, un risultato che costituiva la più spettacolare avanzata in un singolo giorno di offensiva da quando il fronte occidentale si era stabilizzato nel settembre del 1914. Il 28 maggio venne conquistata Soissons, sul fianco destro del saliente, e il 30 i tedeschi raggiunsero la Marna presso Château-Thierry, a meno di settanta chilometri da Parigi. Come era già accaduto nel momento cruciale dell'operazione "Michael", man mano che le forze attaccanti si addentravano in territorio nemico, allontanandosi dai terminali delle proprie linee di comunicazione, i problemi logistici aumentavano enormemente, fino a rendere impossibile sostenere in modo adeguato lo sforzo offensivo con i necessari rinforzi e rifornimenti. Il 1° giugno entrò in linea la 3ª Divisione statunitense (Joseph Dickman), che ebbe il suo durissimo battesimo del fuoco partecipando valorosamente per tre giorni alla difesa di Château-Thierry e dei ponti sulla Marna. Poco più a occidente un'altra divisione statunitense, la 2ª del generale Omar Bundy, il 6 giugno lanciò un efficace contrattacco per riconquistare il bosco di Belleau[17]. Lo stesso giorno Ludendorff sospese momentaneamente "Blücher-Yorck"; ma non aveva ancora intenzione di abbandonare la partita. Per mantenere l'iniziativa strategica, decise di lanciare un quarto assalto con l'obiettivo di minacciare Parigi congiungendo i due salienti formatisi in seguito a "Michael" e a "Blücher-Yorck". La nuova offensiva, in codice "Gneisenau", scattò il 9 giugno con l'attacco della 18ª Armata di Oskar von Huitier dal saliente di Montdidier in direzione sud; il giorno successivo andò all'attacco la 7ª Armata di Max von Böhn da Soissons in direzione ovest. Ludendorff aveva immaginato un movimento a tenaglia sulle due sponde dell'Oise, che avrebbe dovuto chiudersi a Compiègne e portare all'accerchiamento di gran parte della 3ª Armata francese (Georges Humbert): von Hutier ottenne qualche successo locale, avanzando di una dozzina di chilometri in direzione dell'obiettivo,

[17] Sulle prime battaglie combattute dagli americani in Francia cfr. David Bonk, *Château Thierry & Belleau Wood 1918: America's baptism of fire on the Marne*, Oxford-New York 2007.

ma le divisioni di Von Böhn vennero invece bloccate quasi immediatamente. L'11 giugno un violento contrattacco francese da sud, appoggiato da centocinquanta carri armati, segnò la fine delle speranze tedesche di concludere con successo l'operazione "Gneisenau", che venne cancellata due giorni più tardi.

Le prime quattro fasi della titanica *Kaiserschlacht*, nonostante l'ampiezza del terreno conquistato e le dure perdite inflitte al nemico, non avevano raggiunto l'obiettivo strategico fondamentale, che era quello di costringere gli alleati a riconoscere la sconfitta sul campo e quindi avviare trattative di pace in condizioni vantaggiose per la Germania. Sulle cause del fallimento si discute da allora: Ludendorff commise alcuni errori nella pianificazione, sottovalutando la capacità di resistenza delle armate britanniche e soprattutto perdendo più volte di vista lo scopo finale dell'offensiva quando si profilava un successo tattico locale; ma era probabilmente impossibile, nelle condizioni della logistica, dei trasporti e delle vie di comunicazione del 1918, alimentare un'offensiva in profondità oltre un certo limite di spazio e di tempo.

Con il fallimento di "Gneisenau" avrebbe dovuto concludersi la grande offensiva di primavera di Ludendorff. In meno di tre mesi erano stati uccisi o feriti almeno mezzo milione di soldati tedeschi: perdite irreparabili, perché erano caduti molti dei migliori combattenti delle divisioni d'assalto. L'esercito tedesco non era stato sconfitto, ma era ormai un'arma con la punta spezzata. Ludendorff, di fronte all'amaro destino che incombeva sulla Germania, decise di tentare un'ultima offensiva alla metà di luglio, coltivando ancora la speranza di ottenere un successo limitato, ma comunque sufficiente a convincere francesi e inglesi a discutere un armistizio onorevole, da concludere prima che gli Stati Uniti gettassero sulla bilancia del conflitto il peso della loro potenza militare e industriale. Il settore scelto per l'operazione "Marne-Reims" – significativamente ribattezzata *Freidensturm*, ovvero "assalto per la pace" – fu quello tra Château-Thierry a ovest e la foresta delle Argonne a est, difeso da due armate francesi. La complessa macchina organizzativa e logistica dell'esercito germanico si mise in moto per la quinta volta in quattro mesi, ma fu subito chiaro che qualcosa non funzionava a dovere. Dalle unità al fronte arrivavano rapporti sempre più allarmanti sullo stato di salute degli uomini: in alcune compagnie oltre la metà degli effettivi risultava inabile al servizio a causa di quello che veniva definito *Blitzkatarrh*, "bronchite-lampo", una strana forma di malattia da raffreddamento con complicazioni polmonari acute[18]. Centinaia di migliaia di soldati tedeschi erano a malapena capaci di reggersi in piedi: l'ultima offensiva di Ludendorff, iniziata il 15 luglio, fallì nel giro di due giorni.

[18] La "Spagnola" ebbe molti nomi, utilizzati soprattutto dai militari al fronte, prima che si affermasse quello diventato poi di uso comune: per i tedeschi, oltre al citato *Blitzkatarrh*, fu anche la *Flandern-fieber*, la "febbre delle Fiandre"; stessa cosa per gli inglesi, che la chiamarono *Flanders Grippe* evidenziandone il (supposto) legame d'origine con il settore più "affollato" del fronte occidentale; i francesi adottarono l'ironico vezzeggiativo "la Coquette", perché metteva a letto migliaia di uomini; per gli indiani fu invece la *Bombay Fever*, visto che sembrò diffondersi dal porto d'imbarco per la guerra europea.

L'inizio della fine

L'esercito germanico era allo stremo, perché alle perdite subite in combattimento si sommavano quelle dovute all'esaurimento psicofisico degli uomini, improvvisamente acuite in maniera drammatica dalla diffusione del *Blitzkatarrh*. Il diario di Dominik Richert, un giovane soldato alsaziano, offre una eccezionale testimonianza sulla situazione delle truppe tedesche all'inizio dell'estate del 1918[19]. Poco prima della metà di luglio, mentre col suo reggimento si trovava nelle Fiandre, Richert cominciò ad accusare i tipici sintomi di un attacco influenzale. Aveva già visto molti dei suoi compagni cadere ammalati: pallidi, deboli, scossi da violenti attacchi di tosse, si muovevano a fatica tra i ricoveri e le postazioni della prima linea. Era evidente che non si trattava di un imprevisto acuirsi delle solite bronchiti da trincea fuori stagione. Ma in quel momento di crisi non c'era molta simpatia per gli ammalati: bisognava ancora compiere lo sforzo estremo, e solo i feriti gravi venivano esentati dal servizio.

Richert ebbe la fortuna di venire assegnato assieme a un compagno a una breve missione nelle retrovie, a Metz. Durante il viaggio di andata, con la febbre molto alta, gli capitò tra le mani la pagina di un giornale che descriveva la diffusione in tutta Europa della Spagnola. Capì di aver contratto la malattia ma decise comunque

[19] Cfr. Dominik Richert, *Beste Gelegenheit zum Sterben. Meine Erlebnisse im Kriege 1914-1918*, München 1989.

di non marcare visita alla prima sosta, sicuro che nessuno gli avrebbe dato retta. A Metz si sentì tanto male da non riuscire nemmeno a consumare il pasto alla mensa militare: lasciò il cibo a due prigionieri di guerra italiani, che servivano come lavapiatti e sopravvivevano raccogliendo gli avanzi dei soldati. Il giorno dopo, mentre Richert tornava al fronte, il treno su cui viaggiava venne fermato a Cambrai, dove fu ordinato di scendere a tutti gli uomini della sua divisione che si trovavano a bordo: la grande unità, a causa dell'epidemia, era stata momentaneamente destinata a un periodo di riposo nelle retrovie, presso il villaggio di Bévillers.

Era chiaramente una misura estrema, del tutto inconsueta. Richert raggiunse Bévillers e questa volta si presentò subito dal medico della compagnia per essere visitato. L'ufficiale, scoraggiato ed esausto almeno quanto lui, gli diede una tavoletta di menta piperita con l'ordine di andare a prepararsi un infuso caldo e starsene tranquillo. «Ridicolo», scrive Richert nel suo diario: «tanto valeva mi dicesse di andarmene a morire da qualche altra parte!». In realtà non c'era molto che il medico potesse fare per lui in quel momento, vista la natura della sua malattia e la mancanza di medicinali adatti ad alleviarne almeno i sintomi. Ma il giovane alsaziano ebbe fortuna: venne acquartierato nella casa di una famiglia francese che aveva ricevuto un pacco di viveri dagli Stati Uniti – in base a un accordo con la Germania, rispettato nonostante la drammatica situazione alimentare degli occupanti – e che aveva quindi una certa disponibilità di zucchero, cacao e pane. I suoi ospiti divisero con lui generosamente il cibo, aiutandolo a recuperare un po' di forze; ma Richert era sempre ammalato quando, due giorni dopo, la sua compagnia venne di nuovo avviata verso il fronte, nel settore di Verdun.

A Mars-la-Tour, ormai in prossimità della prima linea, le sue condizioni erano così gravi da costringere il medico a ricoverarlo in un ospedale da campo; ma dopo pochi giorni il cibo pessimo e i pidocchi lo convinsero a dichiararsi guarito per farsi dimettere. Richert riuscì a percorrere i trentacinque chilometri che lo separavano dal suo reparto solo grazie all'aiuto di un soldato dell'intendenza, che lo fece viaggiare in groppa a un cavallo. Era disgustato – «dopo quattro anni di servizio, è così che trattano un uomo malato», scrive – e decise che ne aveva abbastanza dell'influenza e della guerra. La notte del 23 luglio, assieme a due commilitoni, riuscì a raggiungere le posizioni francesi, dove venne ben accolto come uno dei tanti *déserteurs Alsaciens*. Il virus H1N1 aveva viaggiato con lui dalle Fiandre a Metz, da Metz a Cambrai, Bévillers, Mars-la-Tour e Verdun, per poi passare in territorio nemico, e senza nemmeno dover cambiare bandiera nella sua guerra invisibile all'umanità intera.

Il caso di Dominik Richert – noto grazie al suo diario, scoperto in un archivio soltanto nel 1987 e pubblicato due anni dopo – è certamente emblematico della drammatica situazione sanitaria dell'esercito germanico nel luglio del 1918. Non è facile accertare il numero di uomini messi fuori combattimento dalla prima ondata di Spagnola al culmine dell'estate, anche perché moltissimi non vennero nemmeno ricoverati, ma restarono ai loro posti in condizioni di grave debilitazione fisica. Mezzo milione di ammalati è probabilmente una stima per difetto: pochi di loro morirono, ma l'influenza li tenne comunque lontani dalle prime linee in un momento critico della campagna.

L'impatto della Spagnola sulle operazioni militari in Francia e nelle Fiandre è stato poco considerato dalla storiografia posteriore. Il generale Ludendorff «fu il primo a lamentare esplicitamente gli effetti deleteri dell'influenza sullo sforzo militare germanico»:

> alla fine di giugno, infatti, fece notare non solo che almeno 2000 uomini in ogni divisione combattente erano stati colpiti dall'epidemia, ma che il sistema di rifornimenti stava collassando, e di conseguenza le truppe erano gravemente malnutrite. L'infezione si stava diffondendo rapidamente. Alla fine di luglio, Ludendorff accusò esplicitamente la pandemia di aver annullato gli effetti dell'offensiva tedesca.[20]

La tesi sostenuta dal generale Ludendorff è ovviamente sospetta: ma i documenti d'archivio non permettono di liquidarla come la giustificazione del fallimento strategico di cui era il principale responsabile. La prime fasi della grande offensiva – "Michael" e "Georgette" – vennero fermate dai britannici *prima* che gli effetti della Spagnola potessero manifestarsi in maniera incisiva; ma la diffusione del morbo tra le truppe tedesche tra

[20] Michael Oldstone, *Viruses, Plagues and History*, Oxford . New York 1998, p. 173.

fine maggio e metà luglio ebbe certamente un effetto disastroso sugli ulteriori sforzi fatti per spezzare il fronte nemico. In poche settimane più di cinquecentomila uomini furono colpiti dall'influenza; «i dati empirici», come ha scritto recentemente Andrew Price-Smith, «confermano le recriminazioni di Ludendorff», almeno per quello che riguarda la tarda primavera e l'estate:

> la distruzione causata dall'agente patogeno nell'esercito germanico fu così estesa e profonda che i medici e le infermiere, letteralmente schiacciati dalla quantità di morti e moribondi che dovevano assistere, ben presto non furono più in grado di tenere il conto esatto della letalità dell'epidemia quando si scatenò la prima ondata, all'inizio di giugno del 1918, e ben presto oltre il 15% della forza venne colpita dall'infezione.[21]

Non possono esserci dubbi sulla gravità della situazione, anche se si può discutere su quali fossero *comunque* le reali possibilità per la Germania di ottenere un risultato strategico decisivo sul fronte occidentale nel 1918. I documenti d'archivio parlano chiaro: l'esercito tedesco, durante il conflitto, dovette trattare 1.543.612 casi di influenza, con un incremento da 131.139 nel 1914 a 896.266 nell'ultimo anno di guerra. E si parla, ovviamente, soltanto di quelli accertati: per ogni sodato che faceva ricorso alle cure del medico, infatti, c'era senza dubbio almeno un suo compagno che decideva di affrontare il decorso della malattia in trincea (o vi

[21] Andrew T. Price-Smith, *Contagion and Chaos. Disease, Ecology, and National Security in the Era of Globalization*, Cambridge (Mass.) -London 2009, pp. 68-69.

era costretto), con esiti diversi, ma comunque sconosciuti alle statistiche ufficiali[22].

Le enormi difficoltà incontrate dai tedeschi nell'estate del 1918, del resto, erano così evidenti anche ai loro avversari, che i responsabili della propaganda alleata tentarono di sfruttarle a proprio vantaggio. Fin dai primi di luglio vennero lanciati volantini oltre le linee per informare i soldati nemici (e le loro famiglie in patria) «che se non potevano aiutarsi da soli, lo avrebbero fatto le forze britanniche». I volantini raggiunsero anche la Germania. All'inizio degli anni Settanta lo storico inglese Richard Collier, che stava raccogliendo testimonianze per un libro sulla Spagnola,

> ricevette una lettera da un certo Fritz Roth, di Colonia, che aveva trovato uno di quei volantini da ragazzo. La popolazione civile tedesca era sull'orlo della fame dopo l'inverno del 1916-17, quando un pessimo raccolto di patate aveva esacerbato le difficoltà create dal blocco navale alleato. Roth ricordava perfettamente il testo, che nella sua traduzione suonava così: «Recitate bene il Padre Nostro, perché entro due mesi vi conquisteremo; allora avrete buona carne e pancetta, e finalmente l'influenza vi lascerà liberi».[23]

Ma verso la fine di luglio l'epidemia subì un'improvvisa battuta d'arresto. I casi gravi diminuirono

[22] Per i dati epidemiologici ufficiali cfr. *Der Sanitätsdienst im Gefechts- und Schlachtenverlauf im Weltkriege 1914-1918*, Berlin 1938, p. 121; cfr. Price-Smith, *Op. cit.*, pp. 70-71.

[23] Cfr. Laura Spinney, *Pale Rider: the Spanish Flu of 1918 and How It Changed the World*, London 2017, p. 111. Il libro di Richard Collier, *The Plague of the Spanish Lady*, London 1974, è il primo saggio interamente dedicato alla pandemia del 1918. Le numerosissime testimonianze da lui raccolte in tutto il mondo sono oggi conservate presso l'archivio dell'Imperial War Museum di Londra, e sono accessibili anche via internet.

ovunque, e quelli lievi si avviarono rapidamente alla guarigione. A metà agosto quasi tutti – civili e militari, medici al fronte e politici in patria – pensarono di poter smettere di preoccuparsi della Spagnola. C'erano da sfamare popoli interi per convincerli a resistere fino allo stremo; bisognava combattere, e produrre armi e munizioni; bisognava pattugliare i mari del mondo, sopra o sotto la superficie, per impedire che una singola nave carica di viveri raggiungesse i porti nemici, o per mandare a fondo quelle che trasportavano in Europa uomini e materiali destinati al fronte. C'era ancora da vincere o perdere una guerra. L'8 agosto – passata alla storia come «la giornata nera dell'esercito tedesco» – la 4ª armata britannica di Rawlinson (che aveva preso il posto della disciolta 5ª Armata di Gough) sfondò le linee germaniche nel settore di Amiens, ricacciando indietro le logore divisioni di Von Hutier e Von der Marwitz dal territorio conquistato durante la *Kaiserschlacht*. Verso la fine del mese, dopo aver perso altri settantacinquemila uomini (tra cui trentamila prigionieri), Ludendorff fu costretto a ordinare la ritirata sulle posizioni difensive della linea Hindenburg, che venne completata il 3 settembre. La grande battaglia iniziata il 21 marzo era finita davvero: adesso sarebbe stata solo questione di tempo, ma la Germania – e con lei l'Austria-Ungheria e l'impero Ottomano – aveva perso la guerra.

La seconda ondata

La controffensiva alleata di agosto si era sviluppata nel periodo di tregua concessa dalla Spagnola. Tra la fine della prima ondata della pandemia e l'inizio della seconda, che si scatenò in settembre, il virus aveva subito una mutazione. Quando tornò a manifestarsi – dopo aver completato quello che si definisce un *antigenic drift*, o "deriva antigenica"[24] – era diventato molto più aggressivo, capace di diffondere la più letale forma di influenza mai osservata nella storia umana.

Il 29 settembre 1918 un medico in servizio presso la base di addestramento di Camp Devens, in Massachusetts, spedì una lettera a un amico e collega che costituisce una delle più impressionanti testimonianze sugli effetti della seconda ondata di Spagnola:

> Mio caro Burt, credo tu possa essere interessato alle notizie da questo posto, visto che è possibile tu venga assegnato proprio qui. [...] Camp Devens è vicino a Boston, e accoglie circa 50.000 uomini. O meglio: li *accoglieva* prima che scoppiasse l'epidemia. È anche la sede dell'ospedale della Divisione del Nord-est. Questa epidemia è iniziata circa quattro settimane fa, e si è diffusa così rapidamente

[24] L'eliminazione di un virus dall'organismo di un animale è mediata dal sistema immunitario; tuttavia, il virus è un bersaglio mutevole, che risponde rapidamente alla minaccia alterando, dove possibile, la propria composizione antigenica (per «antigenicità» si intende la proprietà di una sostanza di funzionare come antigene, ovvero di indurre in un organismo la produzione di anticorpi specifici). Il classico esempio di questo fenomeno è proprio il virus influenzale, che adotta come principale meccanismo di alterazione della propria composizione genetica quello che viene definito *antigenic drift* ("deriva antigenica"). Esso consiste nell'accumulo graduale di mutazioni minori, come le sostituzioni nucleotidiche nel genoma virale, che determinano un potenziale codificante lievemente alterato e di conseguenza un'alterata antigenicità, in grado di condurre a un ridotto riconoscimento da parte del sistema immunitario (cfr. A.J. Cann, *Elelmenti di virologia molecolare*, edizione italiana a cura di G. Campadelli-Fiume, Milano 2006, p. 111).

che l'intero accampamento è demoralizzato, e tutti i servizi ordinari sono sospesi finché non sarà passata. Tutti gli assembramenti di soldati sono tabù. I ragazzi ammalati all'inizio mostrano soltanto i sintomi di *la grippe*, ovvero della normale influenza, ma quando vengono portati all'ospedale sviluppano molto rapidamente il più letale tipo di polmonite che si sia mai visto. Due ore dopo essere entrati in ospedale già compaiono macchie color mogano sui loro zigomi, e poche ore dopo puoi distinguere la tinta cianotica che raggiunge le orecchie, e poi gli copre tutto il viso. A quel punto la morte è solo questione di ore... e lottano disperatamente per respirare finché non soffocano. È orribile. Si può anche sopportare di vederne morire uno, o due, o venti; ma stare a guardare questi poveri diavoli che cadono come mosche ti scuote i nervi. Abbiamo una media di un centinaio di morti al giorno, e sta ancora aumentando. Non ho alcun dubbio che siamo in presenza di una nuova infezione mista, ma di che genere non saprei dire. Tutto il mio tempo se ne va dietro a rantoli, secchi o catarrosi, sibilanti o crepitanti, o una delle altre cento cose che si possono trovare nel petto di un uomo, ma che significano tutte la stessa cosa – polmonite – e in quasi tutti i casi la morte. [...] Ogni medico qui ha un reparto con circa 150 letti (il mio ne ha 168), e ha un supervisore come capo; puoi immaginare come sia il lavoro con le carte da riempire – tremendo – e il governo richiede che tutte le carte siano tenute in perfetto ordine. Ho soltanto quattro infermiere di giorno e cinque di notte, un caporeparto e quattro attendenti. Così puoi immaginare quanto siamo indaffarati. Ti scrivo nei ritagli di tempo, e forse ne passerà molto prima che io possa farlo ancora, ma ci proverò. Ciao, vecchio amico. «Dio sia con te finché non ci ritroveremo». – Roy.[25]

Il virus della seconda ondata era davvero spaventoso: alcune delle vittime morivano dopo poche ore, soffocate dai fluidi prodotti dall'infezione polmonare; inoltre, a differenza della maggior parte delle epidemie stagionali di influenza, sembrava attaccare non soltanto i soggetti

[25] *A Letter from Camp Devens*, disponibile sul sito pbs.org, citata anche in *The 1918 Spanish Flu Pandemic: The History and Legacy of the World's Deadliest Influenza Outbreak*, s.l., s.d., cap. 2.

più giovani e i più anziani con cui entrava a contatto, ma un'ampia fascia di età tra i quindici e i quarantaquattro anni. In sostanza, se visualizzata come una curva della letalità in relazione all'età degli ammalati, la seconda ondata della Spagnola non assunse la tipica forma a U, con i vertici (la massima letalità) in corrispondenza dei neonati e delle persone molto anziane, ma una forma a W, con un secondo picco centrale in corrispondenza dei trentenni. Come nota Andrew Price-Smith, non è chiaro il motivo per cui l'agente patogeno riuscisse a colpire in maniera letale così tanti uomini e donne giovani e in buona salute:

> ma è ragionevole supporre che l'influenza generasse una violenta ed eccessiva reazione da parte del fisico aggredito, e che le citochine (le tossine endogene) prodotte dall'organismo distruggessero i fragili tessuti polmonari durante il tentativo, da parte del sistema immunitario, di sconfiggere il virus.[26]

Lo stesso giorno in cui il dottor Roy spediva la sua lettera da Camp Devens, un transatlantico adibito a nave trasporto truppe, la USS *Leviathan*[27], salpava da Hoboken diretta a Brest. A bordo c'erano novemila uomini, equipaggio compreso; entro trentasei ore dalla partenza già settecento di loro avevano manifestato sintomi di influenza. Vennero creati un migliaio di posti letto per

[26] Andrew Price-Smith, *Contagion and Chaos*, *op. cit.*, p. 60.

[27] Si trattava in realtà dello splendido transatlantico tedesco *Vaterland* della HAPAG di Amburgo, da 54.282 tonnellate, varato nel 1913 e rimasto bloccato a New York allo scoppio della guerra. Requisito dalle autorità statunitensi e ribattezzato *Leviathan*, servì come trasporto truppe fino al 1919, prima di essere ceduto alla United States Lines. Venne demolito nel 1938.

ammalati, ma le condizioni di vita diventarono molto presto estremamente difficili. La relazione ufficiale del comandante descrive gli orrori della traversata: le pozze di sangue e vomito ovunque, i rantoli degli agonizzanti, le grida terrorizzate degli ammalati in preda al delirio, l'odore di morte negli ambienti semibui stipati di brande. I medici dovettero risolversi a gettare in mare i cadaveri; all'arrivo in Francia circa duemila uomini avevano contratto la Spagnola e un centinaio non erano sopravvissuti. Se si fosse cercato di creare un habitat perfetto per rendere più devastante la diffusione del virus, la *USS Leviathan* avrebbe soddisfatto tutti i requisiti: ed era soltanto una delle tante navi affollate di soldati in viaggio verso l'Europa in quelle settimane. Ma non si poteva creare alcun intralcio alle operazioni: quando giunsero a Brest, i soldati apparentemente sani venivano avviati alle loro destinazioni come se non ci fosse alcun pericolo di epidemia, diffondendo così il virus nei reparti combattenti, nelle bettole delle retrovie, nei treni, negli ospedali.

Il nuovo volto della malattia era terribile. Questa volta il fisico intero ne era colpito, e ne subiva le conseguenze. I testimoni sono concordi nel dire che la Spagnola aveva un odore particolare, come di paglia fradicia:

«Non ho mai sentito un odore del genere, né prima né dopo», ricordava un'infermiera. «Era orribile, perché c'era del veleno in quel virus». Cadevano i denti. Cadevano i capelli. Alcuni ammalati non mostravano segni di sofferenza prima di accasciarsi a terra di colpo. Il delirio era diffuso. «Diventavano spesso sovreccitati e si agitavano molto», scrisse un dottore berlinese, «tanto da rendere necessario legarli ai letti per evitare che si facessero male da soli». Un altro dottore a Parigi osservò che il delirio si manifestava, contro ogni aspettativa, quando la febbre si era già abbassata; descrisse anche i suoi pazienti sconvolti dalla paura che la fine del mondo fosse vicina. Ci furono molti casi di suicidio, con rapporti su pazienti che si erano gettati dalle finestre degli ospedali.[28]

La medicina dell'epoca era impotente. Come lo sarebbe la nostra oggi, nonostante la disponibilità di antivirali. Ma il mondo non ci fece troppo caso: il 26 settembre era scattata l'ultima offensiva alleata in Occidente, una gigantesca manovra a tenaglia che avrebbe dovuto portare alla distruzione dell'esercito tedesco. Nella foresta delle Argonne era andata all'assalto la 1ª Armata americana del generale Pershing; un giorno dopo, nel settore di Cambrai altre quattro armate alleate avevano attaccato la linea Hindenburg, che era stata superata in più punti. Mentre a bordo della *USS Leviathan* si registravano i primi casi di influenza, il 1° ottobre 1918, i tedeschi erano costretti ad abbandonare Saint-Quentin e iniziare il ripiegamento verso la Schelda, evitando di stretta misura la rottura del fronte. Una settimana più tardi il generale Ludendorff poteva dichiarare al nuovo capo del governo di Berlino, il principe Maximilian von Baden – nominato cancelliere del Reich il 3 ottobre, e subito impegnatosi a fondo nel difficilissimo compito di trovare un accordo con il presidente Wilson per un armistizio – che la situazione militare era tornata sotto controllo, e il fronte occidentale avrebbe potuto esse-

[28] Laura Spinney, *op. cit.*, p. 133.

re tenuto «ancora per lungo tempo»[29]. Era una visione miope e parziale della realtà, perché la Germania era in ginocchio, spossata dal conflitto, e gli imperi suoi alleati in completa dissoluzione: il fatto che l'esercito tedesco potesse mantenere le posizioni fino alla primavera, ammesso fosse vero, era ormai irrilevante.

La guerra sul fronte occidentale finì alle ore 11:11 dell'11 novembre 1918. Dopo alcuni istanti di quiete surreale i soldati iniziarono a festeggiare l'armistizio, increduli. A Parigi la gente si riversò per le strade. Pochi giorni prima il poeta Guillaume Apollinaire, ammalato di Spagnola, aveva sentito dei passanti gridare «*à mort Guillaume!*», per insultare ancora il Kaiser Guglielmo II, e ne aveva sorriso. Apollinaire era morto il 9 novembre, il giorno dell'abdicazione dell'imperatore tedesco. Il suo funerale si tenne il 13 novembre. Dopo aver lasciato la chiesa di San Tommaso d'Aquino il corteo funebre si avviò verso il cimitero del Père Lachaise; «ma quando raggiungemmo l'angolo di Saint-Germain», avrebbe ricordato poi Blaise Cendrars, uno degli amici di Apollinaire che seguivano la bara,

> ci trovammo circondati da una folla in festa, che celebrava rumorosamente l'armistizio: uomini e donne che agitavano le braccia, ballavano, si baciavano, e scandivano come in delirio il ritornello diventato famoso alla fine della guerra – *Non te ne andare, Guillaume, non te ne devi andare*...[30]

[29] Cfr. John Toland, *op. cit.*, p. 428; H.R. Rudin, *Armistice 1918*, New Haven (CT) 1944, pp. 68-69.
[30] Jay Winter, *Sites of Memory, Sites of Mourning: The Great War in European Cultural History*, Cambridge 1995, p. 20.

Stavano mettendo in ridicolo il Kaiser, ma Cendrars ascoltò quelle parole allegre con ben altro animo. E, come ha scritto Laura Spinney, «la morte del grande poeta francese è una perfetta metafora della rimozione collettiva del più grande massacro del ventesimo secolo»[31]: non la Grande Guerra, ma la pandemia di Spagnola. Il mondo continuava a vivere, senza curarsi di uomini e donne che, nonostante la pace, continuavano a morire *in massa*.

La pace stessa, del resto, era imperfetta. La violenza e i conflitti proseguivano in varie parti del mondo – la Russia, il Medio Oriente, l'Asia Minore – e con loro continuava a diffondersi la pandemia. Il 4 settembre 1918 un piccolo corpo di spedizione statunitense era sbarcato nel porto russo di Arcangelo, sul mar Bianco, per portare aiuto alle truppe che tentavano di opporsi all'avanzata dei bolscevichi. Con i soldati americani viaggiava anche il micidiale virus della seconda ondata di Spagnola: alla fine del mese il nuovo Commissariato del Popolo per la Salute, creato da Lenin a Mosca, riceveva già notizia di contagi da tutto il Paese. Sulla Transiberiana, utilizzata sia dai Rossi che dai Bianchi e dai loro alleati, si spostò ben presto anche il virus, raggiungendo l'Estremo Oriente all'inizio del 1919 (o forse tornandoci dopo due anni, se la teoria sulla sua origine cinese è corretta).

[31] Laura Spinney, *op. cit.*, p. 13.

La crisi iniziata nell'estate del 1914 si concluse più lentamente della Spagnola. La guerra civile russa durò fino al novembre del 1920, quando la marina britannica portò in salvo dalla Crimea i superstiti dell'ultima armata bianca, sconfitti e stremati dalla fame e dalle malattie, tra cui certamente casi estremi di influenza; quella greco-turca, anch'essa eredità diretta del conflitto mondiale, fino al 9 settembre 1922, quando la cavalleria di Mustafa Kemal entrò a Smirne, ponendo fine a quasi tre millenni di presenza greca in Asia Minore. Il ricordo della Spagnola svanì rapidamente, anche perché il mondo "in pace" stava attraversando un periodo di drammatica trasformazione, che lo avrebbe condotto in meno di vent'anni a un secondo conflitto mondiale.

La Grande Guerra non era stata la causa della pandemia: il virus non era un'arma prodotta dall'uomo, come alcuni giornalisti anglosassoni avevano sospettato, senza alcun fondamento, nei giorni drammatici della tarda primavera del 1918, quando le armate tedesche si avvicinavano a Parigi e l'epidemia cominciava a diffondersi negli accampamenti militari alleati. Ma la guerra aveva procurato al virus una quantità pressoché illimitata di corpi nei quali farsi ospitare: corpi di giovani costretti a vivere a stretto contatto tra loro, spesso malnutriti e quindi con sistemi immunitari già compromessi, talvolta prossimi all'esaurimento anche dal punto di vista emotivo. Molti di loro – milioni di loro, in verità – per cinque anni si spostarono attraverso oceani e continenti come soldati e lavoratori, profughi, prigionieri e reduci: tedeschi in Africa Orientale, in Palestina e in Russia; australiani e neozelandesi in Medio Oriente, a Gallipoli e nelle Fiandre; statunitensi in Francia e in Italia; indiani in Africa e in Europa. Il risultato fu una pandemia senza precedenti, che in sei mesi causò più vittime di quante ne aveva fatte in quattro anni la terribile Morte Nera del XIV secolo; «una pandemia che sorpassò il sacrificio di vite umane causato dalle guerre mondiali, e diede forma alla civiltà così come la conosciamo oggi»[32].

Sacrificio senza memoria

Alla fine di dicembre del 1918 la pandemia sembrava essersi nuovamente esaurita nella maggior parte del mondo. L'Australia, che si era salvata dalla terribile seconda ondata della Spagnola, dichiarò cessata la quarantena ai primi di gennaio del 1919: troppo presto, perché proprio in quel momento la pandemia stava per riacutizzarsi ancora una volta. Gli effetti della terza ondata furono molto meno gravi di quelli della seconda, ma peggiori della prima. Oltre dodicimila persone morirono in Australia nei primi mesi del 1919; la nuova ondata raggiunse il picco a New York alla fine di gennaio e a Parigi poco dopo, mentre erano in corso i negoziati di pace, che vennero condizionati dalla paura di una recru-

[32] Jaime Breitnauer, *The Spanish Flu Epidemic and Its Influence on History*, Barnsley-Philadelphia 2019, p. 61.

descenza del morbo. Poi anche la terza ondata si esaurì, e sulla Spagnola calò rapidamente il silenzio.

Il prezzo globale pagato dall'umanità alla pandemia di influenza del 1918 non è mai stato calcolato con precisione. Per quello che riguarda la storia militare, soltanto dopo un secolo stiamo iniziando a comprendere i suoi effetti sulle operazioni militari dell'ultimo anno di guerra.

Come ha scritto Carol Byerly,

> la più importante, anche se enigmatica eredità della pandemia di influenza del 1918, è stata il rafforzamento della riluttanza dei governi a riconoscere il ruolo micidiale giocato spesso dalle malattie durante le guerre. Sia chi ha narrato i conflitti, sia chi ha compilato i rapporti ufficiali, ha di regola cancellato dalle sue pagine la sofferenza inflitta agli uomini, rispecchiando la tendenza dei militari a minimizzare il dato di fatto che il danno subito sia il risultato di una guerra. Questa tendenza è particolarmente evidente in relazione alla storia delle epidemie durante le guerre.[33]

La morte di un soldato per malattia è sempre stata considerata "antieroica", quasi vergognosa. Dopo la Grande Guerra tutti gli eserciti fecero a gara nel nascondere o ignorare l'impatto della pandemia del 1918 sulle operazioni militari: persino i tedeschi, che avrebbero potuto trovare una parziale giustificazione alla loro sconfitta finale, preferirono continuare a nascondere o ignorare i dati quantitativi di cui disponevano. Non furono i soli, come si è detto. Carol Byerly è riuscita senza

[33] Carol R. Byerly, *Fever of War: The Influenza Epidemic in the* US *Army during World War* I, New York 2005, p. 183.

troppo sforzo a mettere in luce come il governo statunitense abbia deliberatamente tentato di cancellare tutte le prove sulla mortalità per malattia durante il conflitto. Nel resoconto ufficiale del Dipartimento della Guerra vennero elencate soltanto le *battle casualties*, le perdite subite in combattimento; e in un documento del Senato americano del 1919, in cui si analizzava il costo globale del conflitto, furono menzionati i cinquantamila soldati morti in combattimento, ma non i cinquantasettemila morti di malattia, riducendo così di oltre la metà il prezzo pagato in termini di vite umane dall'esercito degli Stati Uniti.

Il cavaliere pallido sembra eludere spesso lo sguardo e la comprensione dell'uomo; ma alle sue vittime, almeno alle sue vittime militari, non vengono riconosciute nemmeno compassione e memoria. Non è difficile comprenderne il motivo: per continuare a combattere – o meglio, per continuare a convincere i giovani che *dulce et decorum est pro patria mori*[34] – non si può certo spiegare ai futuri soldati che, arruolandosi, avranno più probabilità di finire agonizzanti in un ospedale da campo piuttosto che di cadere in difesa di una trincea, o all'assalto di un caposaldo nemico. È la triste realtà della guerra, ma deve restare nascosta.

Non è la sola verità scomoda legata a epidemie e guerre. Più volte, nel corso dei secoli, la diffusione di agenti

[34] «È dolce e bello morire per la patria»: il celeberrimo verso di Orazio (*Odi*, 3.2.13) è anche il titolo di uno dei componimenti da Wilfred Owen (1893-1918, forse il più grande poeta di guerra del XX secolo), che ha per tema i tremendi effetti di un attacco con i gas sul fronte occidentale.

patogeni ha mutato il corso dei conflitti: ma sia i vincitori che i vinti sono quasi sempre restii ad ammettere che la natura possa aver deciso per loro, privandoli della gloria che, a posteriori, viene riconosciuta anche a chi soccombe. Gli storici, a loro volta, preferiscono parlare di eserciti e armi, di audaci manovre strategiche e brillanti azioni tattiche, e raramente spingono il loro sguardo fino agli ospedali dove si consuma il destino delle migliaia di soldati vittime del tifo, della peste, del colera o dell'influenza. Al loro sacrificio viene negata anche la memoria, e quindi la riconoscenza dei posteri: sono i personaggi più tristi della grande tragedia collettiva della guerra, ricacciati nell'ombra persino da chi avrebbe dovuto onorarli come caduti per la patria. Con i saggi di questo libro, senza alcuna pretesa di completezza, abbiamo voluto gettare uno sguardo in quell'ombra.

Bibliografia

A Letter from Camp Devens, disponibile sul sito pbs.org.
Ammiano Marcellino, *Storie*, a cura di A. Selem, Torino 1994.
Chris Baker, *The Battle for Flanders: German Defeat on the Lys, 1918*, Barnsley 2011.
John M. Barry, *The Great Influenza: The Epic Story of the Deadliest Plague in History*, New York 2005.
Paolo Bellintani, *Dialogo della peste*, a cura di Ermanno Paccagnini, Milano 2001.
Marcantonio Benaglio, *Relazione della carestia e della peste di Bergamo e suo territorio negli anni 1629 e 1630*, in *Miscellanea di storia italiana edita per cura della Regia Deputazione di Storia Patria*, vol. VI, Torino 1865.
Klaus Bergtolt, *La peste nera e la fine del Medioevo*, Milano 1997.
Giovanni Bianchi, *Discorso sopra la peste di Venezia del 1630; recitato per Laurea Medica nella R. Università di Modena l'anno 1833*, Verona 1845.
Giovanni Boccaccio, *Decameron*, a cura di R. Marrone, Roma 2010.
David Bonk, *Château Thierry & Belleau Wood 1918: America's baptism of fire on the Marne*, Oxford-New York 2007.
Giovanni Battista Borsieri, *Istituzioni di medicina pratica*, Firenze 1840.
Jean-Noël Biraben, *Les hommes et la peste en France et dans les pays européens et méditerranéens*, 2 voll., Paris-Den Haag 1975.
Jaime Breitnauer, *The Spanish Flu Epidemic and Its Influence on History*, Barnsley-Philadelphia 2019.
Carol R. Byerly, *Fever of War: The Influenza Epidemic in the US Army during World War I*, New York 2005.
Averil Cameron, *Procopius and the Sixth Century*, Berkeley 1985.
Alan J. Cann, *Elementi di virologia molecolare*, edizione italiana a cura di G. Campadelli-Fiume, Milano 2006.

Giuseppe Castellani, S.J., *"La contagiane di Parma dell'anno MDCXXX" del gesuita Orazio Smeraldi*, in «Archivum Historicum Societatis Jesu», 5, 1936.

Carlo Maria Cipolla, *Il pestifero e contagioso morbo. Combattere la peste nell'Italia del Seicento*, Bologna 2012.

Id., *Storia economica dell'Europa pre-industriale*, Bologna 2005^2.

Richard Collier, *The Plague of the Spanish Lady*, London 1974.

Marchionne di Coppo Stefani, *Cronaca fiorentina*, a cura di N. Rodolico, Città di Castello 1903-1955.

Giorgio Cosmacini, *Storia della medicina e della sanità in Italia: dalla peste nera ai giorni nostri*, Roma-Bari 2005.

Antero Maria da San Bonaventura, *Li lazzaretti della città e riviere di Genova del MDCLVII*, Genova 1658.

Cassio Dione, *Storia Romana*, a cura di A. Valvo, A. Stoppa, G. Migliorati, Milano 2009.

Der Sanitätsdienst im Gefechts - und Schlachtenverlauf im Weltkriege 1914-1918, Berlin 1938.

Michele di Piazza, *Historia Secula ab anno 1337 ad annum 1361,* in A. Corradi, *Annali delle epidemie occorse in Italia dalle prime memorie fino al 1850*, Bologna 1865.

Due cronache di Mantova dal MDCXXVIII al MDCXXXI, la prima di Scipione Capilupi, la seconda di Giovanni Mambrino, trascritte, annotate ed illustrate con documenti inediti da Carlo d'Arco, in *Raccolta di cronisti e documenti storici lombardi inediti*, vol. II, Milano 1837.

Elio Aristide, *Secondo discorso sacro*, a cura di S. Nicosia, Milano 1984.

Eutropio, *Storia di Roma*, a cura di F. Gasti e F. Bordone, Sant'Arcangelo di Romagna 2014.

Antonio Fappani, *Enciclopedia bresciana* (www.enciclopediabresciana.it).

Galeno, *Trattato sulla bile nera*, a cura di F. Voltaggio, Torino 2003.

Galileo Galilei, *Lettera a Federico Cesi (Firenze, 23 settembre 1624)*, in Id., *Opere*, edizione nazionale a cura di A. Favaro, vol. XIII, Firenze 1968.

Randal Gray, *Kaiserschlacht 1918. The Final German Offensive*, London 1991.

Guerra per la successione di Mantova (1628-1630), in *Enciclopedia militare*, vol. VI, Milano 1933.

Victor Davis Hanson, *Una guerra diversa da tutte le altre*, Milano 2009.

Kyle Harper, *Il destino di Roma*, Torino 2019.

Peter Heather, *Rome Resurgent. War and Empire in the Age of Justinian*, Oxford-New York 2018.

Peregrine Horden, *Mediterranean Plague in the Age of Justinian*, in *The Cambridge Companion to the Age of Justinian*, edited by M. Maas, Cambridge-New York 2005.

M. Osborne Humphries, *Paths of Infection: The First World War and the Origins of the 1918 Influenza Pandemic*, in «War in History», 21, 2013.

G. Carleton Jones, *The Importance of the Balkan Wars to the Medical Profession of Canada*, in «Canadian Medical Association Journal», 4, 1914.

Ernst Jünger, *Fuoco e sangue. Breve episodio di una grande battaglia*, traduzione di A. Iadicicco, Milano 2016.

Gina Kolata, *Flu: The Story of the Great* Influenza *Pandemic of 1918 and the Search for the Virus that Caused It*, New York 1999.

Laurentii de Monacis Veneti Cretae Cancellarii Chronicon de rebus Venetis ab U.C. ad annum MCCCLIV, Venezia 1758.

Golo Mann, *Wallenstein*, Firenze 1981.

Marco Aurelio, *L'arte di conoscere sé stessi. Pensieri*, a cura di M. Scaffidi Abate, Roma 2011.

William McNeill, *La peste nella storia*, Torino 1982.

Martin Middlebrook, *The Kaiser's Battle*, London 1978.

Lee Mordechai – Merle Eisenberg – et al., *The Justinianic Plague: An inconsequential pandemic?*, in «Proceedings of the National Academy of Sciences of the United States of America», vol. 116, n. 51.

Ludovico Antonio Muratori, *Rerum Italicarum Scriptores*, Milano 1728-31.

William G. Naphy – Andrew Spicer, *The Black Death and the History of Plagues, 1345-1730*, Stroud 2000; trad. it.: *La peste in Europa*, Bologna 2006.

Fausto Nicolini, *La peste del 1629-32*, in AA.VV., *Storia di Milano*, vol. X, *L'età della riforma cattolica (1559-1630)*, Milano 1953.

E. Oakes Jordan, *Epidemic Influenza: A Survey*, New York 1927.

Federico Odorici, *I due Bellintani da Salò ed il Dialogo della peste di fra' Paolo Bellintano*, in *Raccolta di cronisti e documenti storici lombardi inediti*, vol. II, Milano 1837.

Michael Oldstone, *Viruses, Plagues and History*, Oxford-New York 1998.

Robert Oresko, *The House of Savoy and the Thirty Years' War*, in *1648: War and Peace in Europe*, a cura di Kurt Bussmann e Heinz Schilling, 3 voll., vol. I, *Politics, Religion, Law and Society*, Münster-Osnabrück 1998.

Orosio, *Storie contro i pagani*, a cura di A. Lippold, G. Chiarini, Milano 2001.

John S. Oxford et al., *A Hypothesis: The Conjunction of Soldiers, Gas, Pigs, Ducks, Geese, and Horses in Northern France during the Great War Provided the Conditions for the Emergence of the "Spanish" Influenza Pandemia of 1918-1919*, in «Vaccine», 23, 2005.

Charles Parain, *Marco Aurelio*, Roma 1993.

Geoffrey Parker, *La Guerra dei Trent'anni*, Milano 1994.

Id., *The Army of Flanders and the Spanish Road 1567-1659: The Logistics of Spanish Victory and Defeat in the Low Countries*, Cambridge (Mass.) 2004[2].

David Parrot, *The Mantuan Succession, 1627-31: A Sovereignity Dispute in Early Modern Europe*, in «The English Historical Review», 112, 1997.

Antonio Pellicini, *Discorso sopra de mali contagiosi pestilenziali*, Firenze 1630.

Francesco Petrarca, *Opere*, a cura di E. Bigi, Milano 1963.

Dorothy A. Pettit – Janice Bailie, *A Cruel Wind: Pandemic Flu in America, 1918-1920*, Murfreesboro (Tenn.) 2008.

Felix Platter, *Observationum libri tres*, Basel 1680.

Plutarco, *Vite Parallele,* a cura di R. Guerrini e A. Santoni, Milano 2000.

Josef V. Polisensky, *La Guerra dei Trent'anni: da un conflitto locale a una guerra europea nella prima metà del Seicento*, Torino 1982.

Andrew T. Price-Smith, *Contagion and Chaos. Disease, Ecology, and National Security in the Era of Globalization*, Cambridge (Mass.)-London 2009.

Procopio di Cesarea, *Le guerre*, trad. it. di Marcello Craveri, Torino 1977.

Id., *Storia segreta*, a cura di F. Conca, traduzione di P. Cesaretti, Milano 1996.

Paolo Prodi, «Federigo Borromeo», in AA.VV., *Dizionario biografico degli italiani*, vol. XIII, Roma 1971.

Romolo Quazza, *La guerra per la successione di Mantova e del Monferrato (1628-31)*, 2 voll., Mantova 1926.
Ernest Renan, *Marco Aurelio e la fine del mondo antico*, Pordenone 1994.
Jacques Revel, *Autour d'une épidémie ancienne: la peste de 1666-1670*, in «Revue d'Histoire Moderne et Contemporaine», 17, 1970.
Dominik Richert, *Beste Gelegenheit zum Sterben. Meine Erlebnisse im Kriege 1914-1918*, München 1989.
Giuseppe Ripamonti, *De peste quae fuit anno 1630 libri 5*, Milano 1641; trad. it. *La peste di Milano del 1630*, Milano 2009.
Michael Roberts, *Gustavus Adolphus*, London 1992[2].
Harry R. Rudin, *Armistice 1918*, New Haven (CT) 1944.
Scrittori della Storia Augusta, Marco Aurelio, Lucio Vero, Avidio Cassio, a cura di P. Soverini, Milano 1985.
Laura Spinney, *Pale Rider: the Spanish Flu of 1918 and How It Changed the World*, London 2017.
Alessandro Tadino, *Raguaglio dell'origine et giornali successi della gran peste contagiosa, venefica et malefica seguita nella citt‡ di Milano, & suo Ducato dall'anno 1629 sino all'anno 1632*, Milano 1648.
The 1918 Spanish Flu Pandemic: The History and Legacy of the World's Deadliest Influenza Outbreak, s.l., s.d.
John Toland, *1918*, Milano 1982.
Warren Treadgold, *A History of the Byzantine State and Society*, Stanford (Cal.) 1997.
Tucidide, *La guerra del Peloponneso*, a cura di P. Sgroj, L. Rossetti e G. Ranocchia, Roma 2011.
Sergio Valzania, *Wallenstein. La tragedia di un generale nella Guerra dei Trent'anni*, Milano 2007.
Filippo Villani, *Croniche di Giovanni, Matteo e Filippo Villani, secondo le migliori stampe. Testo in lingua*, Trieste 1857-58.
Veronica Wedgwood, *La guerra dei Trent'anni*, Milano 1998[2].
L.M. Whitby, *Procopius and the Development of Roman Defences in Upper Mesopotamia*, in *The Defence of the Roman and Byzantine Near East*, edited by D.L. Kennedy and P. Freeman, Oxford 1986.
Jay Winter, *Sites of Memory, Sites of Mourning: The Great War in European Cultural History*, Cambridge (Mass.) 1995.

Indice

ANDREA FREDIANI

L'incredibile storia di Roma antica

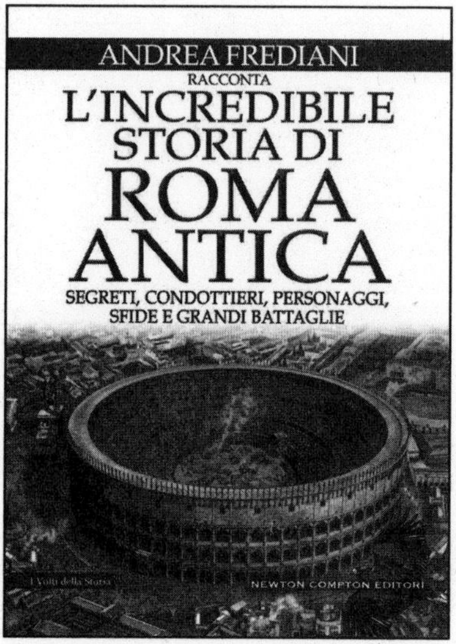

Pagine 612, € 12,00

La storia di Roma è la somma di tante storie epiche e memorabili, gesti disperati, eroici, spregiudicati, di protagonisti disposti a tutto pur di affermare la propria ambizione, ma anche il dominio sul mondo di una città capace di superare le più atroci disfatte e le difficoltà più estreme. Gli episodi accertati storicamente non sono meno straordinari di quelli prodotti dal mito, i protagonisti non meno passionali degli dèi che veneravano. Dalla cacciata dei re all'aggressione di Pirro, dalle Guerre puniche a quelle civili, da Cesare ad Augusto, passando attraverso le dinastie Giulio-claudia, Flavia, Antonina, fino alla crisi del III secolo, per arrivare alle innovazioni di Costantino e ai generalissimi barbarici dell'ultimo periodo: Andrea Frediani racconta, con voce da narratore, i momenti e i protagonisti cardine di un'epopea che ha prodotto eroi ed eventi meravigliosi, con una frequenza difficilmente riscontrabile in altre epoche.

NEWTON COMPTON EDITORI